"하루에 세 줄을 쓰는 것만으로
스트레스를 다스릴 수 있을까?"

일본 최고 의사의
세 줄 일기 처방전

  살다 보면 무심코 듣게 된 말 한마디나 작은 생각 하나에 평온하던 마음이 금세 전쟁터로 바뀌는 경험을 하곤 합니다. 직업이나 나이 혹은 사회적 지위에 관계없이 사람들은 누구나 크고 작은 스트레스에 시달립니다.
  하루 이틀 힘든 일을 겪었다고 몸이 금방 무너지지는 않습니다. 하지만 스트레스가 쌓이면 일이 커집니다. 인체의 회복 시스템인 자율신경의 균형을 무너뜨리기 때문입니다.

  의사로서 지난 20여 년 동안 면역과 신경 분야에서 꾸준히 연구를 진행해 오는 과정에서 스트레스로 흐트러진 몸과 마음을 효과적으로 다스리는 방법은 없을까 고민해 왔습니다. 수면법, 식사습관, 다양한 운동법은 물론이고, 호흡법이나 시간 활용법, 일상생활의 마음자세에 이르기까지 하나하나 검토하고 직접 해보면서 생활 속에서 쉽게 실천할 수 있는 방법을 탐색했습니다.

이러한 노력 끝에 찾아낸 가장 효과적인 방법이 '세 줄 일기' 쓰기입니다. 매일 세 가지 주제로 단 세 줄만 쓰면 끝입니다.

세 줄 일기의 세 가지 주제

1. 오늘 가장 안 좋았던 일
2. 오늘 가장 좋았던 일
3. 내일의 목표

첫 번째 '오늘 가장 안 좋았던 일'에는 컨디션이 좋지 않았던 일이나 기분 나빴던 일, 싫었던 일도 포함됩니다.

두 번째 '오늘 가장 좋았던 일'에는 기뻤던 일, 감동했던 일도 씁니다.

세 번째 '내일의 목표'에는 지금 가장 관심 가는 일, 중요한 일을 씁니다.

세 줄 일기를 쓰는 방법은 간단하지만 유의할 부분이 있습니다(4장 참고).

세 줄 일기 쓰는 방법

- 잠자기 전, 혼자 책상 앞에 앉으세요.
- 날짜와 요일은 반드시 기입해야 합니다.
- 주제는 1 - 2 - 3의 순서대로 써야 합니다.
- 글자 수에 제한은 없지만, 되도록 간결하게 쓰세요.
- 반드시 손글씨로, 천천히, 정성스럽게 쓰세요.

예를 들면 이런 식입니다.

201×년 ○월 ○일

1. 첫째를 너무 심하게 야단친 것 같다. (오늘 가장 안 좋았던 일)
2. 쌤한데 내가 추천한 계획이 좋았다고 칭찬받았다.
   (오늘 가장 기뻤던 일, 즐거웠던 일, 감동적이었던 일)
3. 내일은 토요일. 가족과 함께 외식해야지! (내일의 목표)

다른 예를 볼까요?

1. 친구에게 거짓말을 했다. 난 진짜 최악이다.
2. 난생처음 홀인원을 … 했다! 했어! 드디어 해냈다!
3. 내일은 꼭 6시에 일어나고 말 테다!

1. 2~3일 전부터 몸 상태가 좋지 않다. 특히 이명(耳鳴) 때문에 힘들다.
2. 오랜만에 저녁을 하나도 안 남기고 싹 먹어 치웠다.
3. 기운이 없어 온종일 집안에 틀어박혀 있었음. 내일 다시 산책 재개!

1. 사장, 정말 왜 저러지? 자기 실수를 내 탓인 양 둘러대고 X랄이다.
2. 이직한 동기 녀석과 오랜만에 만나 이런저런 이야기를 나눴다.
3. 내일 있을 회의. 완벽한 프레젠테이션이 되도록 만전을 기하자!

어떤가요? 정말 쉽지요?

하루를 돌아보며 세 가지 주제에 대한 답을 쓰다 보면 어느샌가 흐트러진 몸과 마음이 바로잡히면서 심신이 안정을 되찾게 됩니다. 그게 바로 '세 줄 일기'의 핵심입니다.

독자들의 2주간 체험기

저자의 강연에서 세 줄 일기 쓰기에 대해 알게 되었는데, 잠들기 전 세 개의 주제를 한 줄씩 쓰는 것만으로도 다음 날이 눈에 띄게 달라졌고, 거짓말처럼 스트레스도 사라지더군요.

_ 55세, 주부

1년 전쯤 병원에 입원했었는데, 퇴원 후에 회복은 했지만 몸이 예전 같지 않고 숙면을 취하기도 힘든데다 의욕도 없어 컨디션이 늘 좋지 않았습니다. 건강진단으로는 아무 이상이 없는데도 말이죠.
그러던 차에 지인의 소개로 '세 줄 일기' 쓰기를 시작했습니다. 잠들기 전 나만의 시간을 갖는 것만으로도 자연스럽게 안정이 되었고, 숙면을 취할 수 있게 되었어요. 지금은 아침에도 거뜬하게 일어납니다!

_ 68세, 회사 임원

여러 건강법을 시도해 보았지만 이건 진짜 간단하고 좋네요! 건강도 좋아졌어요. 심신을 의식(意識)하며 지내니까 매일 활기가 넘칩니다!

_ 52세, 회사원

자율신경 실조증으로 늘 불안해했었는데, 일기를 쓰면서 바로 안정이 되었어요. 이거 정말 좋은데요. 지금은 약 없이도 지낼 수 있을 정도가 됐답니다.

_ 46세, 자영업

서른이 넘어가면서부터 두통, 어깨 결림, 눈의 피로 등 건강이 안 좋아지는 것을 느꼈어요. 체력 때문인가 했는데, 자율신경의 상태 때문이었네요. 세 줄 일기를 쓰기 시작한 이후 자연스레 숙면을 취하게 되어서인지 몸이 거짓말처럼 좋아졌어요.

_ 35세, 회사원

오랫동안 우울증으로 힘들어하던 차에 '세 줄 일기'를 소개받았습니다. 처음엔 '일기'와 '건강'이라는 이미지가 퍼뜩 연결되지 않아 의문을 가졌지만, 설명을 듣고 납득하고, 실행해 본 후에는 확신하게 됐습니다.
효과도 빠르고, 시간도 오래 안 걸리고, 돈도 들지 않습니다. 친구들에게도 추천하고 싶어요.

_ 64세, 주부

이 '세 줄 일기' 쓰기를 시작하고 오랜 시간 저를 괴롭혀 왔던 알레르기가 가라앉았습니다. 놀라운 건 얼굴에 생기가 돌기 시작했다는 것과 더불어 인생에 활력이 생겼다는 점입니다. 정말 자율신경계의 혼란은 여러 가지 병이 된다는 걸 알게 되었고, '세 줄 일기'의 효력과 매력을 깨닫게 되었지요.

_ 33세, O.L

하루
세 줄,
마음정리법

"3GYOUNIKKI" WO KAKUTO, NAZEKENKOUNI NARERUNOKA
ⓒ HIROYUKI KOBAYASHI 2014
Originally published in Japan in 2014 Ascom Inc., TOKYO,
Korean translation rights arranged with Ascom Inc., TOKYO,
through TOHAN CORPORATION, TOKYO, and EntersKorea Co., Ltd.,SEOUL.

이 책의 한국어판 저작권은 (주)엔터스코리아를 통해 저작권자와 독점 계약한 지식공간에 있습니다.
저작권법에 의하여 한국 내에서 보호를 받는 저작물이므로 무단전재와 무단복제를 금합니다.

일본 최고 의사가 전하는 스트레스 리셋 처방전

하루 세 줄, 마음정리법

고바야시 히로유키 지음 | 정선희 옮김

지식공간

차례

일본 최고 의사의 세 줄 일기 처방전 … 2
독자들의 2주간 체험기 … 6
프롤로그 │ 세 줄만 써라, 내 몸이 달라진다 … 15

1장 세 줄만 쓰는 것뿐인데 왜 건강해질까?

짜증 내는 순간, 몸은 망가지기 시작한다 … 23
흐트러진 자율신경의 균형을 바로잡는 세 줄 일기 … 27
세 줄 일기가 마음을 안정시키는 이유 … 36
세 줄 일기는 탁월한 안티에이징 습관 … 39
최고의 선수들이 어릴 때부터 일기를 쓴 이유 … 43

2장 세 줄 일기와 자율신경 이야기

자율신경의 혼란은 당연한 일 … 51
균형도 중요, 수준을 높게 유지하는 것도 중요 … 55
세 줄 일기는 자율신경의 '전환 스위치' … 62
세 줄 일기로 자율신경을 조절할 수 있다 … 69
나쁜 연결고리를 끊고 좋은 연결고리로 바꾸는 법 … 76

3장 세 줄 일기, 내 몸을 이렇게 바꾼다

호흡이 바뀐다 ··· 81
숙면(deep sleep)을 취할 수 있다 ··· 88
장의 골든타임을 높여 준다 ··· 94
시간에 쫓기지 않는다 ··· 100
어떤 스트레스 상황에서도 평상심을 유지할 수 있다 ··· 103

4장 세 줄 일기, 이렇게 써라

쓰는 것은 세 가지 ··· 113
'오늘 가장 안 좋았던 일'
 – 솔직한 마음으로 부정적인 감정을 모두 쏟아 놓는다 ··· 120

'오늘 가장 좋았던 일' – 짧고 힘 있게 적는다 ··· 127

'내일의 목표'
 – 자신의 힘을 집중시켜야 하는 핵심을 요약한 후, 구체적인 행동을 쓴다 ··· 132

손글씨로, 정성스럽게 ··· 138
쓰는 순서에도 의미가 있다 ··· 146

5장 하루 10분, 2주의 기적 :
내가 변한다, 인생이 바뀐다

변화가 나타나려면 얼마나 써야 하나? … 151
세 줄 일기로 그날그날의 컨디션을 체크한다 … 155
하루 10분, 인생의 핵심에 도달하는 연습 … 160
지금 우리에게 더 필요한 것은 '브레이크'를 거는 기술 … 164
하루 한 번, '흐름'을 멈추고 오롯이 나를 들여다보는 시간 … 167

에필로그 | "오늘 하루, 정말 잘 살았다!" … 172
옮긴이의 말 … 175

프롤로그

세 줄만 써라,
내 몸이 달라진다

"건강해지고 싶은가요? 그럼 세 줄 일기를 써보세요."

사람들은 의사인 저를 만나면 생활 속에서 쉽게 실천할 수 있는 효과적인 건강법에 대해 이것저것 많이 묻습니다. 그때마다 '세 줄 일기를 써보라'고 권하면 십중팔구 눈을 동그랗게 뜹니다. '일기 쓰는 게 건강하고 무슨 상관이지?' 하는 표정입니다. 그럼 이렇게 얘기하지요.

"세 줄 일기를 쓰면 흐트러진 자율신경이 바로잡히면서 심신이 안정됩니다."

조금 이해가 되었나요? 어쩌면 '자율신경'이라는 단어가 낯설게 느껴질지도 모르겠네요.

일본 자율신경 분야의 일인자가 소개하는
우리 몸의 완벽한 건강회복 시스템

'자율신경이 그렇게 중요한 건가요?'

그렇습니다. 자율신경은 사람의 생명 활동을 지탱하는 대단히 중요한 시스템입니다. 2~3장에서 자세히 살펴보겠지만, 대부분의 질병은 자율신경계의 혼란에서 옵니다. 이유 없이 몸이 아프거나 컨디션이 바닥으로 떨어지고, 불면증에 시달리거나 괜히 초조해지는 등 인체에 생기는 크고 작은 문제는 자율신경의 '균형'이 깨지는 데서 비롯됩니다. 심신의 건강은 물론이고 일상생활의 컨디션이 대부분 이 '균형'에 좌우된다고 해도 무방합니다.

그렇다면 자율신경을 조절하는 방법은 무엇일까요? 그런 게 있기나 한 걸까요?

저는 지금껏 의사로서 지난 20여 년간 자율신경을 조절하는 방법을 연구해 왔습니다. 자율신경 회로망을 끄고 켤 수 있는 스위치가 있는지, 있다면 무엇인지 찾아본 것입니다.

잠과 자율신경의 관계도 연구해 보았고, 음식이 자율신경에 어떤 영향을 끼치는지 실험도 했습니다. 운동도 빠뜨리지 않았습니다. 명상을 하는 사람들이 주로 사용한다는 호흡법도 직접 배우고 실천해 보았습니다. 시간 관리를 통한 조절법도 테스트해 보았지요. 연관이 있다고 생각되는 거의 모든 방법을 찾아서 자율신경 조절의 비밀을 밝히려고 애썼습니다. 연구 끝에 저는 자율신경 조절에 효과가 탁월하고, 심지어 간편하기까지 한 방법을 발견했습니다.

그것이 바로 '하루 세 줄 일기' 쓰기였습니다.

이 일기는 딱 세 줄이면 끝납니다. 너무 깊게 생각할 필요도 없고, 시간도 오래 걸리지 않습니다. 그 세 줄조차도 이미 정해진 세 가지 질문에 대한 답변이므로 하루하루 양식에 맞춰 쓰기만 하면 끝입니다. '질문 하나에 한 줄씩, 세 줄'로 끝나므로 일기라기보다는 가계부나 메모에 가깝습니다.

세 가지의 질문은 다음과 같습니다.

❶ 오늘 가장 안 좋았던 일(또는 컨디션이 좋지 않았거나 기분 나빴던 일)
❷ 오늘 가장 좋았던 일(또는 기뻤던 일, 감동적이었던 일)
❸ 내일의 목표(또는 가장 관심 가는 일)

이 세 가지 질문에 대한 답을 한 줄씩 짧게 정리하면 됩니다. 정말 쉽지요? 하루를 돌아보며 세 가지 질문에 답을 쓰다 보면 자율신경이 안정되어 몸과 마음을 조절할 수 있게 되는 것이 '세 줄 일기 건강법'의 핵심입니다.

피할 수 없는 스트레스, 그날그날 리셋하는 방법

젊을 때야 며칠 무리해도 몸은 금세 다시 균형을 찾을 수 있지만, 나이가 들면 인체는 탄성을 잃어버린 스프링처럼 쉽게 회복되지 않습니다. 자율신경도 마찬가지입니다. 한 번 균형이 깨지기 시작한 자율신경은 금방 원상태로 돌아오지 못합니다.

자율신경의 균형을 깨뜨리는 주범은 무엇일까요? 분노, 울분, 애타는 마음, 긴장 등 별로 반갑지 않고, 피하기도 힘든 일상의 여러 감정들입니다. 그런 순간을 만나지 않으면 좋겠지만 사회생활을 하며 살아가는 이상 도저히 피할 수 없다는 게 문제입니다.

화가 나 신경이 날카롭게 곤두서면 일도 손에 안 잡히고 마음은 가라앉지 않습니다. 자율신경은 일단 균형이 깨지면 이후 몇 시간 동안

원래대로 돌아가지 않습니다.

그렇다면 어떻게 해야 할까요? 간단합니다. 일단 이 흐름을 멈추는 게 중요합니다. 자율신경의 흐트러진 균형을 하루하루 리셋(reset)해서 그날 있었던 나쁜 흐름을 잠시 멈추는 겁니다.

하루 세 줄의 힘

저는 10년 전부터 세 줄 일기를 쓰고 있습니다. 하루를 마감하는 시간에 그날 하루를 돌이켜 보고 좋았던 일, 나빴던 일, 내일의 할 일을 생각하며 펜을 잡으면, 호흡이 정돈되고 심장 박동이 차분해지며 마음이 가라앉는 경험을 합니다.

바쁘고 힘들었던 날이나 신경이 바짝 곤두섰던 날에도, 세 줄 일기장에 펜을 대는 순간, 몸과 마음은 평정을 되찾습니다. 세 줄 일기를 쓰려고 가만히 앉아 있으면 댐의 수문이 닫히는 것처럼 하루를 지배하던 흐름은 멈추고 나를 위해 준비된 시간이 열립니다.

이렇게 세 줄 일기를 계속 쓰게 되면서 그날 하루를 지배했던 어떤 흐름을 일시적으로 멈추는 것이 자율신경 건강에도 중요하다는 것을 알게 되었습니다. 처음에는 자율신경의 조절을 통해 마음을 안정시키고 몸을 건강하게 하는 것이 목적이었지만, 지금은 세 줄 일기가 심신의 건강뿐 아니라 삶에도 구체적인 영향을 끼친다는 것을 알게 되었습니다.

이제부터 소개하는 하루 세 줄 일기의 힘을 경험해 보고 삶의 기쁨을 느끼길 바랍니다.

1장

세 줄만 쓰는
것뿐인데
왜 건강해질까?

'진짜 건강'은
깨끗한 혈액이 온몸 구석구석으로 퍼져,
60조 개의 세포 하나하나에 이르기까지
고르게 전달되는 상태를 말합니다.
이러한 상태가 된다면, 피로감을 느끼거나
컨디션 난조를 겪을 일도,
몸이 무겁다고 느낄 일도 없습니다.
당연히 병에 걸릴 일도 거의 없겠지요.
이런 상태를 자기 것으로 만들어
오랫동안 유지하는 사람이야말로 참된 의미에서
'건강한 사람'입니다.
이것은 자율신경이 높은 수준으로
안정되어 있을 때 실현할 수 있습니다.

짜증 내는 순간,
몸은 망가지기 시작한다

지친 몸을 이끌고 집에 돌아와 현관문을 열었는데 아이들은 아는 체도 않고 눈앞에 펼쳐진 집안 꼴은 가히 난장판입니다. 순간, 짜증이 나면서 '이게 뭐하는 거지!'라는 생각에 기분이 상한 적이 있을 겁니다.

그런데 아시나요? 건강은 바로 그때부터 금이 가기 시작합니다. 자율신경이 흐트러졌기 때문입니다. 우리가 사소하다고 여기는 일에서 자율신경은 의외로 쉽게 '균형'이 흐트러집니다.

살다 보면 짜증이 나고 스트레스를 받는 일이 일상다반사로 일어납니다. 어질러진 방안을 보고 지저분하다고 느끼거나 지하철에서 몸을 부딪치고도 사과 한마디 없는 사람을 보면 화가 치밀기도 합니다.

이런 스트레스는 하루에도 셀 수 없이 많이 받습니다. 그런 스트레스를 몸과 마음에 쌓아 둔 채로 아무 조치를 취하지 않는다면, 자율신경의 균형은 무너지기 시작합니다.

하루 종일 예민한 상태로 안절부절못하는, 온통 스트레스뿐인 생활이 매일 계속된다면 어떻게 될까요? 그런 날이 몇 달이고 계속된다면요? 당연히 하루하루의 스트레스가 계속 쌓여 가고 자율신경의 균형도 점차적으로 맞지 않게 되어 더 큰 문제로 이어지겠지요.

쌓이는 스트레스를 날마다 털어 내지 않는다면, 자기 몸과 마음을 자해하고 있는 셈입니다. 이러한 사태를 막으려면 날마다 느끼는 스트레스를 그냥 두지 말고 그날그날 바로 처리해야 합니다. 컨디션 변화를 눈여겨보면서 자신의 상태가 평소와 어떻게 다른지 체크해 두어야 합니다.

일상의 사소한 스트레스를 무시하지 마라

살다 보면 컨디션이 좋은 날도 있고 그렇지 않은 날도 있습니다. '왠지 모르게 몸이 좀 무거운 날'이나 '어쩐지 의욕이 없는 날'도 있습니다.

그럴 때 우리는 원인을 찾습니다.

"어제 과음을 해서 그런가?", "너무 늦게 자서 피곤한가 봐.", "밤늦게 라면만 먹지 않았어도……." 그럴 듯한 이유가 생각나기도 하지만, 딱히 원인이 떠오르지 않을 때도 있습니다. 그럴 때 대다수는 더 이상 깊이 생각하지 않습니다. 몸이 좀 회복되면 컨디션이 안 좋았던 순간은 바로 잊어버리는 거죠.

하지만 "컨디션이 엉망이야.", "아무래도 몸이 좀 이상해," 하며 자각하기 시작했다면 이미 몸에는 어떤 이상이 진행되고 있다고 봐야 합니다. 별것 아닌 듯한 컨디션 변화야말로 자율신경의 균형이 깨지고 있다는 증거입니다.

그러므로 '무심코 느낀 이상 증세'나 '뇌리를 스치는 작은 불안감'을 그냥 넘기지 마십시오. 이러한 느낌(몸의 이상이나 불안감)은 자율신경이 보내오는 '신호'이기 때문입니다. 우리 몸은 그런 신호를 '몸이 점점 병들어 가고 있다'는 경고로 받아들여 의식 속에 정확히 입력합니다.

이러한 이상 증세나 불안감을 글로 쓰면 확실히 정리가 되고 의식속에 각인된다는 사실을 아십니까? 세 줄 일기가 컨디션 변화를 체크하는 역할을 하기 때문입니다.

예를 들어 보죠. 어느 날 별다른 이유 없이 위가 아프고 일을 하는

데도 별 성과도 재미도 없습니다. 그날 밤 일기에는 "도대체 위는 왜 아파가지고! 중요한 프레젠테이션이 엉망진창이 되었네!" 이렇게 씁니다. 이 한 줄을 쓴 것만으로도 우리 뇌 속에는 '위장이 아프다'는 메시지가 분명히 각인됩니다.

컨디션이 회복되고 통증이 사라지면 위가 아팠다는 사실은 말끔히 잊힙니다. 다음 날도 멀쩡하다면 신나게 회식에 참석해서 위에 부담을 가중시킬지도 모르고요. 하지만 이것을 글로 남기면 어떻게 될까요? 그게 뭐 대수냐고 할지 모르겠지만 '위에 신경을 좀 써야겠다'는 생각은 의식에 뚜렷한 자국을 남깁니다. 나중에 동일한 통증을 느끼면 "아! 그때랑 똑같네!"라고 보다 강렬한 자각이 생겨 병원에서 검사라도 받아야겠다고 결심하는 일도 빨라집니다.

일상의 아주 미미한 흐트러짐에서 몸의 이상이 비롯됩니다. 몸의 이상이 큰 병의 징조가 될 수 있다는 사실을 알게 되면, 사소한 불균형이 오래 가지 않도록 하루 컨디션의 미세한 변화를 챙기기 시작합니다.

심신을 최상의 상태로 유지하고 싶습니까? 그렇다면 단순하지만 효과가 확실한 방법인 세 줄 일기를 사용해 보는 것은 어떨까요?

흐트러진 자율신경의 균형을 바로잡는 세 줄 일기

"병에 걸려 고생하다 가족에게 짐이 되는 일 없이 건강하게 생을 마치고 싶다!" 많은 사람들이 원하는 바입니다. 병약해지면 신경 써야 할 일이 한두 가지가 아닙니다. 여러분도 분명 그렇겠지요.

그런데 혹시 '병이 없으면 곧 건강한 것'이라고 생각하고 있지는 않습니까? 제 생각은 좀 다릅니다. 만일 '병 없다 = 건강하다'는 등식이 성립된다면, 컨디션이 최상이 아니거나 몸이 다소 무겁게 느껴지더라도 '뭐 특별히 병에 걸린 건 아니니까 나는 건강하다'고 생각하기 쉬운데, 이것은 진짜 건강한 것이 아닙니다.

제가 생각하는 '진짜 건강'은 깨끗한 혈액이 온몸 구석구석으로 퍼져, 60조 개의 세포 하나하나에까지 피가 고르게 전달되는 상태를 말합니다. 이렇게 된다면, 늘 피로감을 느끼거나 컨디션 난조를 겪을 일도 없고, 몸이 무겁다고 느낄 일도 없습니다. 당연히 병에 걸릴 일도 거의 없겠지요. 이런 상태를 자기 것으로 만들어 오랫동안 유지하는 사람이야말로 참된 의미에서 건강한 사람입니다.

이런 상태는 자율신경이 높은 수준으로 안정되어 있을 때 실현할 수 있습니다. 이 부분은 좀 더 자세히 설명하는 것이 좋겠습니다.

건강했던 사람이 병에 걸리는 원인은 크게 두 가지인데, 하나는 '혈관계'의 문제이고, 다른 하나는 '면역계'의 문제입니다. 혈관계와 면역계, 이 두 체계는 자율신경의 조절에 의해 관리됩니다.

자율신경의 불균형이 혈관계 문제로 이어진다

혈관계부터 살펴볼까요? 혈액순환이 악화되는 것은 만병의 근원입니다. 피의 흐름이 나빠지면 온몸에 혈액이 골고루 전달되지 않아 세포가 충분한 양의 산소와 영양을 공급받지 못하고, 그렇게 되면 신체의 수많은 기관에서 세포 활동이 저하되어 많은 문제가 일어납니다.

예를 들어 피부 세포로 가는 피의 흐름이 나빠지면 혈색이 창백해지거나 피부가 거칠어지고, 다리로 가는 피의 흐름이 나빠진다면 발끝이 차가워지거나 붓는 일이 자주 일어납니다. 장기들도 마찬가집니다. 위장의 혈액순환이 나빠지면 위장에 문제가 생기고, 간이나 폐, 신장, 자궁이나 난소 역시 혈액순환이 악화되면 기능이 떨어져 질병에 걸리거나 문제가 일어납니다.

게다가 혈액순환이 나빠질 때에는 뇌나 심장 등의 미세혈관에 '혈전(血栓)'이라는 핏덩이가 생깁니다. 잘 알려진 것처럼, 혈전은 일정 크기 이상이 되면 혈관을 막아, 뇌경색이나 심근경색 등의 무서운 질병을 일으킵니다. 혈액순환이 원활하지 않은 것을 대수롭지 않게 생각하고 방치한다면 '컨디션 난조'와는 비교할 수 없는 엄청난 질병이 우리를 찾아올지 모릅니다.

자율신경의 균형이 무너지는 순간 혈액순환은 악화됩니다. 그중에서도 교감신경이 지나치게 우위에 있을 때 더욱 빈번하게 문제가 생깁니다. 스트레스나 긴장감으로 교감신경이 우위에 있게 되면 혈관이 수축되어 갑자기 굳어지고, 혈압이 상승하여 체내에 충분한 양의 혈액이 돌지 못하기 때문입니다. 물을 뿌릴 때 호스 줄기를 손으로 꽉 잡은 상태와 비슷합니다. 호스를 꽉 잡으면 수압이 상승해서 물의 세기는 강해지지만, 호스가 가늘어지는 만큼 흐르는 물의 양은 감소합니다.

교감신경이 지나치게 우위에 있으면 이와 비슷한 일이 혈관에 발생합니다. 뿐만 아니라 그렇게 수축된 상태가 지속되면 혈관이 손상되기도 쉽습니다. 가늘어진 혈관에 높은 압력이 계속 가해지기 때문에 혈관 내벽에 상처가 생기는 겁니다. 이러한 상태가 몇 년 이어지면 내벽의 상처에 콜레스테롤과 같은 불순물들이 쌓이면서 혈관이 굳어지고 동맥경화의 위험성이 높아집니다.

또한 혈관이 손상되면 당뇨병이 찾아오거나 악화되기 쉽습니다. 당뇨병은 온몸의 혈관이 약해지는 질병입니다. 그러므로 혈관 수축이 정도를 넘으면 내피세포(혈관 안쪽에 있는 세포)가 손상되어 당뇨가 진행됩니다.

그러므로 평소 교감신경이 지나치게 긴장된 상태로 많은 시간을 보낸다면, 몸에 곧 적신호가 켜집니다. 혈액순환은 악화되고 혈전이 늘어나며 혈관의 노화도 빨리 진행됩니다. 긴장 상태를 장기간 방치하는 것은 스스로 병을 만들어 내는 것과 다름없습니다.

요즘처럼 스트레스가 많은 사회에 사는 우리 대부분은 교감신경이 과도하게 우위에 서 있습니다. 자신이 최근에 앞만 보고 달리며 교감신경을 키우는 생활만 했다면, 그래서 혈액순환이 나빠지고 있다는 생각이 든다면 만사를 제쳐 두고 자율신경의 균형을 바로잡는 데 전력을 기울여야 합니다.

그렇다고 부교감신경만 우위에 있는 생활도 혈액순환에는 좋지 않습니다. 부교감신경이 지속적으로 우위에 서면, 이번에는 혈관이 확장되어 많은 양의 혈액이 느린 속도로 흐르기 때문입니다.

강물의 흐름에 비유하자면, 너무 심한 급류도 너무 느린 물살도 모두 좋지 않습니다. 지나친 급류, 즉 너무 바빠도 문제가 되지만 너무 느린 물살, 즉 심하게 무사태평인 것도 좋지 않습니다. 혈액순환에 가장 중요한 것은 어디까지나 균형입니다.

교감신경과 부교감신경의 균형을 잘 유지하면 깨끗한 혈액이 온몸 구석구석의 세포에 골고루 전달되는 백 점 만점의 상태를 만들 수 있습니다.

자율신경은 면역 시스템에도 큰 영향을 미친다

다음은 '면역계 문제'에 대해 살펴보겠습니다.

면역계는 우리 몸을 질병으로부터 지켜 주는 자체 방어 시스템입니다. 면역력이 떨어지면 감기나 독감에 자주 걸리고, 면역력이 높아지면 세균이나 바이러스의 침입을 손쉽게 막아낼 수 있습니다. 면역 세포가 세균이나 바이러스를 물리치기 때문입니다. 이러한 면역 세포는 외부의 침입자뿐 아니라 체내에서 생성된 이물질 역시 빠뜨리지 않고 해치웁니다.

대표적인 예가 암세포인데요. 암은 절대로 특별한 질병이 아닙니다. 정도의 차이는 있더라도 암세포는 모든 사람들에게 어느 정도는 다 있습니다. 건강한 사람의 몸속에서도 매일 많은 암세포가 생성됩니다. 그럼에도 암에 걸리지 않는 이유는 면역 세포가 부지런히 암세포를 제거하고 있기 때문입니다. 암이나 감염성 질환을 예방하기 위해서는 면역력을 튼튼하게 유지하는 것이 가장 효과적입니다.

자율신경은 면역을 담당하는 면역 세포 수의 증감(增減)에도 깊이 관여합니다. 면역 시스템의 주인공은 '백혈구'라는 세포입니다. 백혈구는 크게 분류하면 과립구, 림프구, 대식세포 이렇게 세 종류가 있는데 이 중에서 과립구와 림프구, 이 둘이 자율신경의 상황에 따라 증가하거나 감소합니다.

교감신경이 우위에 있을 때는 과립구(顆粒球)가 증가합니다. 과립구는 전체 백혈구의 60퍼센트 정도를 차지하는데, 활성산소 등을 무기로 비교적 덩치가 큰 세균을 처리합니다. 자율신경의 균형이 유지되면 과립구는 상당히 믿음직스럽게 움직입니다. 상처를 입었을 때 세균과 맹렬히 전투를 치러 세균이 체내로 침투하지 못하도록 막는 것도 과립구입니다.

그런데 교감신경이 지나치게 우위인 상태가 지속되면 사정이 달라집니다. 교감신경의 긴장이 계속되면 과립구가 과도하게 증가하는데, 그렇게 늘어난 과립구는 체내의 유용한 토착 세균을 공격하여 오히려 면역력을 더 떨어뜨리고, 이 때문에 염증성 질환 등이 일어나기 쉽습니다.

다시 말해 교감신경만 지나치게 긴장된 상태가 지속되면 과립구가 걷잡을 수 없이 증가하고, 활성산소가 방출되며, 염증이 생기고 조직이 파괴되기 시작합니다. 여기서 그치지 않고 지속적으로 교감신경이 자극되면 세포증식 조절기능이 상실되면서 암 같은 질병에 걸리기 쉬운 상태가 됩니다.

다른 한편으로, 부교감신경이 우위에 있을 때는 림프구(lymph球)가 증가합니다. 림프구는 백혈구의 35퍼센트 정도를 차지하며, 과립구가 대응할 수 없는 바이러스 같은 미립자(微粒子) 이물질을 처리합니다. 감기나 인플루엔자 등의 바이러스로부터 신체를 지킬 수 있는 것은 림프구의 활약 덕분입니다.

그런데 부교감신경이 지나치게 우위에 있으면 다른 문제가 발생합니다. 림프구가 과다하게 증가해 이물질에 과민 반응을 일으켜 알레르기 등의 질환이 쉽게 일어납니다. 쉽게 말해 긴장의 끈이 느슨해지면 이 또한 면역력을 떨어뜨리는 결과로 이어지는 것이지요.

요컨대 면역 시스템은 자율신경의 균형이 양호할 때는 멋지게 힘을 발휘하지만, 균형이 무너지면 오히려 신체를 공격하기 시작합니다. 이런 것을 두고 '양날의 검'이라고 하는 것이겠지요.

세 줄 일기가
흐트러진 자율신경의 균형을 바로잡는다

혈액계와 면역계에서 질병을 일으키는 원인에 대해 각각 말씀드렸습니다. 그렇다면 이 둘의 공통점은 무엇일까요?

혈관계와 면역계에서 질병을 초래하는 근본적인 원인은 자율신경의 균형이 파괴되는 데 있습니다. 대부분의 질병은 자율신경계의 혼란에서 비롯된다고 봐도 무방합니다.

암도, 감염증도, 뇌경색이나 심근경색, 동맥경화, 당뇨, 과민 반응(알레르기), 위장을 비롯한 모든 내장 질환이나 피부가 거칠어지는 것, 변비나 냉증 등의 질병은 모두 자율신경 균형의 혼란에서 시작됩니다.

이러한 병에 걸리지 않고 건강하게 지내려면 어떻게 해야 할까요? 날마다 자율신경의 균형을 잡아주는 것이 관건입니다. 이를 위한 가장 손쉽고 효과적인 수단이 바로 '세 줄 일기'입니다.

"항상 컨디션이 좋은 건 아니지만, 어쨌든 병에 걸린 건 아니니까 괜찮겠지 뭐!" 과도한 스트레스가 쌓이지 않게 하고 매일 식사나 수면 등의 생활 습관에 조금만 더 신경 쓴다면 그럭저럭 병은 피할 수 있을지 모릅니다.

하지만 그런 수준에 만족한다면 언젠가는 골치 아픈 상황을 만납니다. 기능이 저하된 건강 상태로 생활하다가 갑작스런 질병이나 컨디션 난조를 만나면 최소한의 버팀목이 우르르 무너져 내리기 때문입니다. 반면에 매일 세 줄 일기를 쓰면서 자율신경을 조절해 간다면 누구나 '진짜 건강'을 얻을 수 있습니다.

한 번 더 강조하지만, 제가 생각하는 '진짜 건강'이란 깨끗한 혈액이 온몸 구석구석에 골고루 퍼져 60조 개의 세포 하나하나에까지 피가 전달되는 상태를 말합니다. 이러한 상태를 유지한다면 혈관계와 면역계에는 문제가 거의 발생하지 않습니다. 혈액순환이 원활히 이루어지면 혈관도 튼튼해지고 생기를 띠게 되어 면역력 역시 높은 수준으로 유지할 수 있습니다.

세 줄 일기는 하루하루 자율신경에 귀를 기울이기 위한 도구입니다. 심신을 최상의 상태로 만들기 위해 이 '도구'를 활용해 보는 것은 어떻습니까?

세 줄 일기가
마음을 안정시키는 이유

유명 팝스타 레이디 가가는 순회공연으로 전 세계를 도는 바쁜 와중에도 그날 있었던 일들을 꼼꼼히 일기에 씁니다. 측근에 따르면, 가가는 훗날 아이들이 자라면 자신이 걸어온 길을 알려줄 마음으로 그렇게 한다고 합니다.

 제가 가가의 광팬인데, 아무리 피곤해도 소파에 푹 파묻혀 그녀의 곡을 들으면 신기할 정도로 피곤이 사라지고 기운이 납니다. 그 경쾌한 록비트는 자율신경을 안정시키는 데 더할 나위 없이 좋은 친구죠. 의외겠지만 자율신경을 안정시키려면 느린 힐링 음악보다 규칙적인 비트의 빠른 템포를 가진 로큰롤 음악을 듣는 게 좋습니다.

제가 레이디 가가의 팬이 된 건 단지 그녀의 음악을 좋아하기 때문만은 아닙니다. 주변을 깜짝 놀라게 하는 패션이나 퍼포먼스를 포함해서, 언제나 쉬지 않고 변화에 도전한다는 점이 마음에 들었습니다.

레이디 가가는 엘리트 코스를 밟아 스타가 된 것이 아닙니다. 학창 시절에는 왕따였고, 스트립 걸로 일하기도 했으며, 심각하진 않아도 약물중독에 빠진 적도 있었던, 산전수전을 다 겪어본 사람입니다. 하지만 그녀는 자기 과거를 감추려 하지 않았고, 이 또한 자신의 일부로 받아들여 자신의 음악 활동을 위한 에너지로 전환시켰습니다. 과거를 포함한 자신의 모습을 냉철하게 파악하여 날마다 스스로를 돌아보았기에 그런 변화가 가능했을 것입니다.

스스로를 바꾸고 싶다고 생각한 적이 있습니까? "업무에서 탁월한 성과를 내고 나의 브랜드를 만들고 싶다!", "이 지긋지긋한 뱃살을 좀 빼고 섹시한 옷을 입고 싶다!", "인간관계를 좀 더 멋지게 끌고 가고 싶다!" 인간이라면 누구나 이런 바람이 있습니다.

그렇다면 '변화'를 위해서는 무엇이 가장 중요할까요? '안정'입니다. 자신을 변화시키기 위해서는, 우선 스스로를 확실하게 안정시켜야만 합니다. 이는 세 줄 일기를 통해 하루하루 '회복 시스템'을 작동시켜 자율신경이 안정되어야만 가능한 일입니다.

세 줄 일기를 쓰면 심신이 안정되어 '본연의 자신'을 바라볼 수 있습니다. 남에게 보이기 싫은 형편없는 모습과 자랑하고 싶은 멋진 모습을 모두 수용하여 있는 그대로 자신을 들여다볼 수 있기 때문입니다. 그렇게 자신의 실제 모습이 파악되면 '변화하는 데 어떤 것이 부족하고 무엇이 필요한지', '성장하려면 어떻게 해야 하는지' 확연하게 보이기 시작합니다.

'자신과의 대화'를 계속하는 사람들은 점차 성장하고 변화합니다. 매일 심신을 안정시켜 스스로를 돌아보고, 현재 자신의 상황을 낱낱이 알고 있기에 자기를 변화시킬 준비가 된 것이죠. 레이디 가가 역시 질릴 만큼 자신과 대화해 왔기 때문에 스스로를 제대로 알고 있는 것이 아닐까요. 그렇기에 계속 변화해 나갈 수 있는 것이겠죠.

원래 인간이 변화하거나 성장할 무렵에는 그에 걸맞은 어떤 장벽이 나타납니다. 그런 장벽을 뛰어넘기 위해서는 이전에 의식하지 못할 때에는 몰랐던 많은 에너지가 필요합니다.

하지만 현대를 살아가는 수많은 사람들은 '변화와 성장을 위해 무엇이 필요한지' 잘 모릅니다. 자격이나 기술을 취득하거나 무작정 노력하는 것만으로는 자신을 변화시킬 수 없습니다. 자신이 누구인지 정확히 아는 것이 먼저입니다. 변화에 가장 중요한 것은 매일 스스로를 깊이 들여다보고 성찰해 가는 자세입니다.

세 줄 일기는
탁월한 안티에이징 습관

저는 종종 여성지와 인터뷰를 하는데, 그때마다 여성들의 큰 관심사인 '미인 되는 습관', '여성의 아름다움'과 같은 주제에 대해 이야기를 나눕니다. 단도직입적으로 말하자면, 여성의 외모 역시 자율신경에 달려 있습니다. 피부의 탄력이나 매끄러움, 모발의 윤기, 신체의 젊음, 눈의 생기 등 모두가 자율신경이 균형잡혀 있는가 아닌가에 의해 좌우된다고 해도 과언이 아닙니다.

그 이유는 무엇일까요? 여기서는 자율신경이 안정되면 우리 몸과 마음에 어떤 변화가 일어나는지 중요한 부분만 예를 들어 설명하겠습니다.

❶ 여성호르몬의 분비가 활성화된다.

자율신경이 원활하게 작동하면 내분비계의 활동도 활발해지면서 호르몬 분비가 왕성해집니다. 여성의 아름다움과 관련이 깊다는 여성호르몬 에스트로겐 역시 활발하게 분비됩니다. 이것 때문에 피부나 모발의 윤기가 유지되고 탄력이나 부드러움 등이 더해집니다.

또한 폐경 전의 불규칙한 여성호르몬 분비를 개선해서 생리불순이나 생리통으로 인한 고민도 줄어듭니다.

❷ 피부 세포의 신진대사가 원활해져 피부가 아름다워진다.

자율신경의 균형이 유지되면 밤에 숙면을 취하게 되고 수면 중에 성장호르몬도 왕성하게 분비됩니다. '아름다운 피부는 밤에 만들어진다'는 말처럼 성장호르몬은 피부 세포의 회복이나 신진대사 촉진에 중요한 역할을 담당합니다. 즉 매일 자율신경이 안정되어 숙면을 취한다면 아름다운 피부를 얻을 수 있습니다.

❸ 혈액순환이 개선되어 피부 세포가 건강해진다.

자율신경의 균형이 개선되어 부교감신경의 활동이 활발해지면 말초 기관의 혈액순환이 빠르게 개선됩니다. 당연히 피부 표면의 세포도 혈액순환이 원활해져 충분한 산소와 영양을 공급받게 됩니다. 그로 인해 피부 세포는 건강해지고 최상의 컨디션을 유지할 수 있습니다. 또한 피부 표면의 혈액순환이 원활하면 외관상으로도 혈색이 좋아지므로 아름답고 건강해 보입니다.

❹ 장(腸)운동이 활발해져 혈액이 깨끗해진다.
　변비가 계속되면 피부가 바로 거칠어지는 사람들이 많습니다. 하지만 자율신경의 균형이 바로잡히면 변비와 피부 트러블 또한 좋아집니다. 자율신경이 안정되면 장 움직임이 활발해져 장내 환경이 개선되고, 혈액의 질이 개선되기 때문입니다. 그렇게 되면 깨끗해진 혈액이 온몸으로 전달되고, 이로 인해 피부 세포는 물론 각각의 장기에 신선한 혈액이 공급되어 모든 기관이 활성화 모드로 전환됩니다.

❺ 스트레스에 강해져 피부는 물론, 마음에도 생기가 돈다.
　스트레스는 아름다움의 적입니다. 낮 시간에도 자율신경의 균형을 잡을 수 있다면, 스트레스로 인한 악영향을 최소한으로 줄일 수 있습니다. 매일매일 자율신경을 안정시키는 사람은 스트레스에 강합니다. 부교감신경이 강화되면 마음의 면역력도 강해져 웬만한 스트레스에도 흔들리지 않습니다. 그 때문에 피부도 마음도 양호한 상태가 됩니다.

이처럼 자율신경의 균형이 바로잡히면 혈액순환, 호르몬, 세포, 장기에 이르기까지 총체적으로 활성화되어 점차 매력이 발산되기 시작합니다. 같은 사람인데도 시간이 흐르면서 훨씬 아름다워 보이고, 젊어지며, 건강미가 넘쳐흐르게 되죠.

현대 여성들은 할 일이 너무 많습니다. 일이면 일, 가사면 가사, 육아면 육아까지, 어떤 상황이든 최선을 다하기 위해 노력합니다. 그렇게 눈앞의 일에 정신없이 매달리다 보면 자율신경의 균형이 쉽게 흐트러집니다. 그런 상태를 방치한다면 어렵사리 지켜 온 아름다움과 젊음을 잃어버릴 수 있습니다.

아름다움을 유지하는 일에서 자율신경의 혼란만큼 무서운 것은 없습니다. 그러므로 아름다움이나 젊음을 유지하기 위해서라도 매일 회복 시스템을 가동해야 합니다.

세 줄 일기는 그 어느 화장품보다도 피부 미용에 확실한 효과가 있습니다. 제 주변에도 꾸준히 일기 쓰는 습관을 들인 여성이 몇 분 있는데 그분들 모두가 젊고 아름다우며 빛이 납니다.

과연 이 말이 사실인지 알아보기 위해서라도 세 줄 일기를 써 보면 좋겠습니다.

최고의 선수들이
어릴 때부터 일기를 쓴 이유

'내일 있을 프레젠테이션을 망치면 어떡하지?'

'다음 시합에서 실수를 하면 후보 신세가 될지도 몰라.'

'다음번에 또 잘못을 저지르면, 주변에 민폐만 끼치고 내 평판도 떨어지겠지.'

열심히 살다가도 문득 이런 불안이 머리를 스칠 때가 있습니다. 실패나 실수는 누구나 두렵습니다. 그러나 두려워 시도조차 하지 않는다면 그 무엇도 실행할 수 없으며 아무것도 얻지 못할 것입니다.

처음부터 완벽하고 능숙할 수는 없습니다. '실패는 성공의 어머니'라는 말처럼, 옛사람들도 모두 무수히 많은 실패나 실수를 반복하며 성장했습니다. 실패를 두려워하여 포기해서도 안 되지만 같은 실수를 되풀이하는 것도 좋지 않습니다. 늘 비슷한 실수를 한다는 것은 이전에 저지른 실수에서 아무것도 배우지 못했다는 증거이며, 그렇게 해서는 결코 성장할 수 없습니다.

그러면 어떻게 해야 할까요? 반성하고 분석해야 합니다. 성과의 높고 낮음이나 업무적인 능숙함의 차이는 '자신의 실패나 실수를 제대로 반성하거나 분석하고 있는가'의 여부에 있습니다. 실패나 실수를 했다면 '왜 실패했지?', '어디에서 잘못됐던 걸까?', '나한테 부족한 게 뭘까?'를 반성하고, 실패한 원인을 분석해야 합니다.

그 작업을 매일같이 얼마나 정확하게 하고 있는가에 따라 미래는 엄청나게 달라지죠. 애초부터 실수나 실패는 다음의 '다섯 가지 경우'에만 일어나기 때문입니다.

❶ 여유가 없을 때
❷ 자신이 없을 때
❸ 의외의 변수가 생겼을 때
❹ 컨디션이 나쁠 때
❺ 환경이 열악할 때

이 다섯 가지는 모두 자율신경의 균형이 흐트러졌을 때 일어나는 일입니다. 이런 요인들로 인해 초조해하거나 당황하게 되면 교감신경이 급격히 활성화되어 자신을 제어하기 힘들어지는 것이죠. 그래서 스스로도 믿기 힘들 정도의 초보적인 실수를 저지릅니다.

자율신경이 안정된 상태에서는 이런 실수를 미연에 방지할 수 있습니다. 꾸준히 세 줄 일기를 쓰다 보면 하루의 일들을 자연스레 떠올리면서 반성하고 성공을 확인하거나, 다음 날은 실수하지 않도록 목표를 정하고 준비합니다. '어째서 잘 안 됐던 걸까?', '왜 잘할 수 없는 거지?'라는 질문을 던진 후, '자! 다음은 이렇게 해볼까'라며 시뮬레이션(simulation)을 시도하는 것이죠.

일상생활에서 이를 습관으로 만들면 같은 실수를 반복하지 않고, 실패나 실수를 배움의 기회로 살려 성장하면서, 자신의 업무 실적도 착실하게 쌓아 갈 수 있게 됩니다.

일기를 업무 향상이나 자아실현의 도구로 사용하는 사람도 꽤 많습니다. 스포츠 스타들 중에도 일기 쓰기를 생활화하여 이를 하나의 자산으로 삼은 다음, 자신의 기술을 부지런히 연마하는 사람들이 눈에 띕니다. 축구 선수 혼다 케이스케와 나카무라 슌스케는 매일 자신의 상태를 기록합니다.

이 두 축구선수는 어린 시절부터 일기를 써 왔습니다. 혼다가 초등학교 졸업문집에 "세리에 A팀에 입단해서 '10번' 선수로 활약하겠다!"라고 썼다는 사실은 유명한 이야긴데, 그는 초등학교 6학년 때부터 일기 쓰기를 계속해 왔다고 합니다.

혼다 케이스케의 작은 아버지는 1964년 동경 올림픽에서 카누 부문에 출전한 혼다 다이자부로인데, 그는 혼다 선수가 초등학교 6학년일 때 최고의 선수가 되는 비결로 "일기를 쓰거라. 날마다 자신의 실력과 상태를 기록해야 기량이 좋아진다."라는 말을 들려주었습니다.

이후 혼다는 하루도 빠짐없이 일기를 썼고, 연습 매뉴얼과 식사 매뉴얼을 비롯해 시합에서 고쳐야 할 점이나 자신만의 분석을 상세히 기록하면서 성장의 도구로 활용했습니다. 이렇게 모인 노트만 해도 100권 이상이 되는데, 그 노트에는 '세계적인 선수가 되기까지의 카운트다운'까지 꼼꼼하게 기록되어 있다고 합니다.

나카무라 슌스케 역시, 16살 때부터 '축구 노트'를 써왔습니다. 이 노트는 이미 《꿈을 이루어 주는 축구 노트》라는 책으로 출간되었습니다. 거기에는 나카무라 선수가 기술적인 면에서나 체력적인 면에서 하나씩 극복해 낸 고민과 불안, 두려움과 약점 등이 상세히 기록되어 있습니다. 아홉 번째 노트에는 '스페인에서 경기하다'라는 문구가 적혀 있는데, 혼다 선수와 마찬가지로 자신이 써 놓은 목표를 어떻게 실현했는지 알 수 있습니다.

혼다와 나카무라는 어릴 때부터 슈퍼스타는 아니었습니다. 운동에 소질은 있었지만, 이 아이가 장차 일본을 대표하는 선수가 되어 빅리그에서 활약하게 될 것이라고는 심지어 축구 코치조차 예상하지 못했습니다.

이 두 선수를 레벨업시켜 최고의 선수로 만들어 준 데에는 역시 '일기'가 큰 역할을 한 것이 분명합니다. 두 스포츠 스타는 하루하루의 연습 과정이나 경기에서 반성하고 분석할 점들을 주도면밀하게 기록하고 행동으로 옮겼으며, 스스로의 실수나 실패를 빠짐없이 정리해 자신의 성장으로 이어갔습니다.

그들이 왜 일기 같은 자질구레한 일에 신경 썼을까요? 이유는 분명합니다. 심신의 균형이 조금이라도 흐트러져 컨디션에 차질이 오면, 다음 날 바로 영향을 받는다는 사실을 체험적으로 알고 있었기 때문입니다. 컨디션이 나빠지거나, 크고 작은 슬럼프 혹은 부상이나 질병과 같은 것들도 모두 자율신경의 균형이 깨졌기 때문임을 무의식중에 깨달았던 것이죠.

따라서 일기를 쓰면서 자기 상태를 체크하고, 컨디션을 최상의 상태로 유지하며, 그렇게 함으로써 세세한 것에도 주의를 기울이는 자세야말로 일류가 탄생하는 지름길입니다.

그들의 방법을 배우고 싶지 않습니까? 누구에게나 '난 이런 사람이 되고 싶다'고 생각하는 이상적인 미래의 모습이 있습니다. 이 일기를 유용하게 활용할 수 있다면, 매일 한 걸음씩 착실하게 그 이상에 다가갈 수 있습니다.

  매일의 실패나 불안을 글로 써서 자율신경을 안정시키고, 그것을 충분히 반성하고 분석한다면 스스로를 변화시키고 꿈을 실현할 수 있게 될 것입니다.

2장

세 줄 일기와
자율신경 이야기

●

부교감신경의 수준은 사람마다
큰 차이가 있습니다.
일상의 스트레스가 쌓여 질병으로 발전할지
아니면 탁월한 성과를 내는 방향으로 쓰일지는
대부분 부교감신경의 수준에 좌우된다고 해도
과언이 아닙니다.
이처럼 부교감신경의 수준에
차이가 생기는 이유는 대체 무엇일까요?
그것은 매일매일 부교감신경을 높은 수준에서
안정시키고, 확실하게 재부팅을
해주는지에 따라 좌우됩니다.

자율신경의 혼란은
당연한 일

 자율신경이 때때로 흐트러지는 것은 우리가 사람인 이상 어쩔 수 없는 일입니다. 외부 환경의 변화에 전혀 영향을 받지 않고 마음이 흔들리지 않는 사람은 없습니다. 심지어 평소 명상을 하거나 종교적인 훈련을 많이 쌓은 사람들도 자율신경의 혼란을 경험합니다. 우리가 살아 있는 한 자율신경의 상태는 끊임없이 변하게 마련입니다.
 특히 아침 출근 시간부터 시작해서 한창 일하는 업무 시간은 혼란이 최고조에 달하는 시간이라고 할 수 있지요. 가뜩이나 늦어서 헐레벌떡 뛰어왔는데 오늘따라 전철이 지연되거나, 시간 여유가 없이 자동차로 출근하는데 신호등에 계속 걸리면 조금씩 초조해집니다. 상사에게 들은 잔소리 때문에 짜증이 밀려오기도 하고, 낯선 이와 어깨를 부딪혔는데 얼굴을 붉히며 지나가는 등 우리 마음을 뒤집어 놓는 일들은 하루에도 수십 번씩 일어납니다.

이런 일이 벌어질 때마다 우리의 자율신경은 흐트러집니다. 대기업 회장이든지, 이제 갓 입사한 신입 사원이든지, 주부든지, 학생이든지, 그 정도는 다르지만 누구나 크고 작은 스트레스를 겪는다는 점에서는 우리 모두 평등합니다.

문제는 그렇게 뒤죽박죽이 된 자율신경을 어떻게 다시 평온하게 만들 것인가입니다. 자율신경 혼란에 대한 대처 방법은 사람마다 차이가 있어서 자율신경이 균형을 회복하는 속도와 수준도 사람마다 큰 차이를 보이는 것이죠.

여기서 자율신경의 메커니즘에 대해 알아보겠습니다. 자율신경에는 '교감신경'과 '부교감신경' 두 가지가 있습니다. 교감신경은 쉽게 말하면 '활동 모드'입니다. 자동차로 치면 액셀 역할을 하는 신경이죠. 예를 들어 업무 중 긴장 상태에 있거나 타인과 격렬한 논쟁 중일 때 혹은 신체나 주위 환경으로부터 어떤 위험을 감지하는 순간 우리는 어떻게든 눈앞의 상황을 해결하려고 합니다. 그럴 때 교감신경은 가속기를 힘껏 밟아 심신을 전투태세로 전환시킵니다.

이처럼 교감신경이 우위에 있으면 심장 박동 수나 혈압이 올라가고 호흡이 빨라지며 혈관이 수축되어 신체는 보다 많은 힘을 필요로 하는 상태로 바뀝니다. 또한 눈앞의 일에 집중해서 싸우도록 노르아드레날린이나 아드레날린 등의 호르몬이 분비되어 기분이 고조되고 공격적인 자세가 됩니다.

반면, 부교감신경은 '휴식 모드'입니다. 자동차로 치면 브레이크 역할을 담당합니다. 예를 들어 혼자서 편히 있을 때나 자고 있을 때, 마음이 잘 통하는 가족이나 친구들과 담소를 나눌 때, 우리는 어깨에 힘을 뺀 상태가 되어 느긋해집니다.

이때 심신이 편안해지는 것은 부교감신경이 브레이크를 걸어 주고 있기 때문입니다. 부교감신경이 우위에 있으면 심장 박동 수나 혈압이 떨어지고 호흡이 안정되며 혈관이 적당히 확장되어 신체가 보다 효율적으로 휴식을 취하는 상태로 전환됩니다. 기분 역시 진정되어 그야말로 안정 모드로 바뀌는 것이죠.

교감신경과 부교감신경은 이처럼 서로 다른 활동을 하면서 우리의 심신을 조절합니다. 자동차는 가속과 브레이크의 균형이 잘 맞아야 원하는 목적지에 도착합니다. 만일 브레이크를 밟아야 할 때 가속 페달을 밟거나 그 반대의 경우라면 균형을 맞추지 못해 큰 사고로 이어질 확률이 높습니다.

마찬가지로 자율신경도 교감신경과 부교감신경이 균형을 제대로 잡는 게 중요하죠. 만일 어느 한쪽으로 기울어진 상태가 계속되면 여러 질병이나 문제가 생깁니다.

균형도 중요,
수준을 높게 유지하는 것도 중요

낮에 교감신경과 부교감신경이 가장 이상적인 균형 상태를 보이며 효과적으로 작동할 때 그 비율을 측정해 보면 대략 1.1~1.2대 1로 나타납니다. 즉 낮에는 교감신경 쪽이 약간 더 높고, 밤에는 부교감신경 쪽이 약간 더 높은 게 이상적인 균형 상태입니다. 지금까지 셀 수 없이 많은 사람들의 자율신경 상태를 측정해 왔는데, 몸을 건강하게 유지하면서 탁월한 성과를 달성해 온 스포츠 스타나 예술가, 기업가들은 대개 이런 균형 상태를 유지하고 있었습니다.

하지만 균형이 전부는 아닙니다. 균형뿐만 아니라 '레벨의 높이'도 중요합니다. 설령 균형이 잡혔더라도 두 신경이 모두 낮은 상태여서는 곤란합니다. 자율신경이 가장 좋은 상태일 때는, 교감신경과 부교감신경 양쪽이 모두 '높은 레벨'에서 '고른 균형'으로 활성화되어 있을 때입니다. 아래의 표를 볼까요?

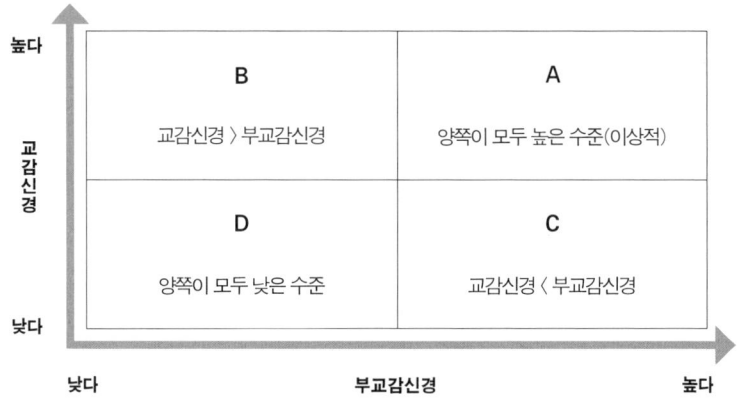

세로축은 교감신경, 가로축은 부교감신경 활성화 수준을 나타내는데, 자율신경은 표에서처럼 대략 네 가지 상태로 구분할 수 있습니다.

먼저 A는 교감신경과 부교감신경 양쪽이 모두 높은 이상적인 상태입니다. 양쪽 모두 높은 레벨로 안정된 상태라면 가속해야 할 때 액셀을, 휴식이 필요할 땐 브레이크를 밟아 자신의 심신을 조절할 수 있습니다. 이런 상태를 유지할 수만 있다면 잔병에 걸리지도 않고, 일상생활이나 업무 등 모든 면에서 자기 힘을 효율적으로 활용할 수 있게 됩니다.

B는 교감신경이 높고 부교감신경이 낮은 상태입니다. 이 경우는 액셀을 주로 밟으면서 안절부절못하는 예민한 타입이라고 할 수 있습니다. 이렇게 스트레스가 많은 상태가 장시간 지속되면 혈액순환이 원활하게 이루어지지 않아 세포에 산소가 골고루 전달되지 못하기 때문에 각종 질병에 노출되기 쉽습니다. 항상 몸 어딘가가 좋지 않거나, 크고 작은 문제를 달고 삽니다. 계속 액셀만 밟아 대면서 브레이크를 제대로 잡아 주지 않는다면 언젠가는 몸도 마음도 무너져 내립니다. 슬프게도 요즘엔 이러한 B 타입이 압도적으로 많습니다.

C는 교감신경이 낮고 부교감신경이 높은 상태입니다. B와는 반대로 이쪽은 액셀은 가만히 두고 언제나 느릿느릿 운전하는, 만사태평인 경우죠. 본인은 성실하게 한다지만 여유가 지나쳐 "일을 할 생각이 있긴 한 거야?"라는 의심을 받기도 하고 주의력 결핍으로 실수를 남발하기도 합니다. 통계적으로 일곱 명 중 한 명꼴이라는 이 타입은 우울증에 걸리기 쉬운 경향이 있습니다.

마지막으로 D는 교감신경과 부교감신경 양쪽 모두가 낮은 상태입니다. 이들은 쉽게 피로를 느끼고, 의욕도 없으며, 생명력이나 패기가 없어서 활력 없이 살아가는 사람이 많습니다. 최근에는 이 D 타입이 증가하고 있습니다.

부교감신경 수준을 높이는 것이
건강을 유지하는 열쇠

자신의 자율신경 상태는 네 가지 중에 어디에 가까운가요? 평소에도 '몸의 균형이 맞지 않는 것 같다'고 느낀다면 틀림없이 B 타입, 즉 '교감신경이 높고 부교감신경이 낮은 상태'에 가깝습니다.

현대 사회는 아무리 노력해도 자기 뜻대로 일이 풀리지 않는 경우가 훨씬 많습니다. 나름 열심히 살지만 문득 돌아보면 도대체 무엇을 위해 그렇게 애쓰며 살아왔는지 허무함을 느낄 때가 잦지요. 사회에서 해야 하는 업무들은 대부분 혼자 잘해서 되는 것이 아니고, 변수도 많아서 성공을 장담하지 못하기 때문입니다. 그런 상황이라면 누구나 스트레스를 받게 되고, 교감신경이 우위에 있는 경우를 피할 수 없습니다.

긴장 상태로 초조함을 느끼며 사는 삶이 지속되면 심신은 제대로 휴식을 취하지 못하고 부교감신경의 레벨도 떨어집니다. 게다가 인간에게는 부교감신경의 활동력이 자연적으로 감소하는 시기가 찾아옵니다. 남성은 30세, 여성은 40세를 기점으로 부교감신경의 활동 수준이 뚝 떨어집니다.

이즈음부터 조금만 무리해도 몸을 추스르기가 힘들었다든지, 컨디션이 나쁜 날이 부쩍 늘었음을 실감하는 사람들이 많습니다. 이것은 부교감신경이라는 '브레이크'가 잘 듣지 않는다는 증거이기도 합니다.

부교감신경이 저하되면 예전과 동일하게 쉬더라도 회복 속도가 늦어져 피로가 쉽게 풀리지 않거나 '체력이 바닥났다'고 느끼는 일이 잦아집니다. 이런 상태에서는 질병이나 기타 정신적 문제들이 자주 일어납니다. 이 상황에서 어떤 대책도 세우지 않고 그냥 세월 탓이려니 하면서 꾸역꾸역 눈앞에 닥친 일들만 해 나간다면 시간이 지날수록 부교감신경의 레벨은 더욱 떨어집니다. 심지어 쉴 수 있는 기회가 주어져도 어떻게 쉬어야 하는지 모르는 멍한 상태가 됩니다. 부교감신경의 기능이 저하되면 당연히 교감신경과의 균형도 어긋나고 그 격차도 점점 커져서 자율신경의 균형을 맞추는 일은 물 건너가게 됩니다.

지금까지 많은 환자들을 상대하면서, 연령에 따라 자율신경이 어느 정도로 변화를 보이는지(하락하는지) 측정해 본 결과에 따르면 자율신경의 힘은 평균적으로 10년에 15퍼센트씩 저하됩니다. 즉 40세가 50세가 되고, 50세가 60세가 되면 자율신경 쇠퇴에도 가속도가 붙어 저하 속도가 더욱 빨라지는 것이지요. 이런 상태를 적극적으로 관리하지 않고 방치한다면, 노화가 촉진되어 세포는 활력을 잃고 혈관은 굳어지며 몸의 면역력 또한 떨어져, 언제든 큰 병에 걸리더라도 별로 이상할 것이 없는 심각한 상황이 되는 것입니다.

그렇다면 도대체 어떻게 해야 할까요? 이러한 상황을 피하려면 부교감신경이 활발하게 활동할 수 있도록 해서 자율신경의 균형이 회복되도록 힘써야 합니다. 어째서 '부교감신경'일까요? 건강이나 여러 활동을 유지하는 열쇠는 부교감신경의 레벨 차이에 있기 때문입니다.

교감신경의 레벨은 많은 사람들이 그다지 다르지 않습니다. 평소에 아무리 조심스럽게 살았더라도 뜻하지 않은 스트레스 앞에서는 대부분의 사람들이 이성적으로 생각하지 못하거나 극심한 컨디션 난조를 보입니다. 그런 상황에서 교감신경이 우위에 서는 것은 어쩔 수 없는 일입니다. 그러므로 이런 때에는 '흐트러지는 것은 당연하다'는 정도로 받아들이는 것이 현명합니다.

세 줄 일기에는
부교감신경을 활성화하는 효과가 있다

부교감신경의 수준은 사람마다 큰 차이가 있습니다. 나중에 자세히 보겠지만, 일상의 스트레스가 쌓여 질병으로 발전하느냐 아니면 탁월한 성과를 내는 촉매제로 쓰이느냐는 부교감신경의 수준에 좌우됩니다.

매일매일 부교감신경을 확실히 재부팅하면 부교감신경의 수준을 높일 수 있습니다.

세 줄 일기 쓰기는 이러한 부교감신경의 활동을 높이고, 자율신경의 균형을 바로잡는 데 탁월한 효과가 있습니다. 부교감신경의 수준을 안정시킴으로써 자율신경이 충분히 힘을 발휘할 수 있기 때문입니다.

좋지 않은 일들로 심신이 지쳐서 균형이 잔뜩 흐트러진 채 집으로 돌아왔다고 칩시다. 그런 날에 주로 무엇을 합니까? "아, 오늘 하루도 정말 힘들었다!"라고 말하고 끝인가요? 아니면 잠깐이지만 원 상태로 회복시키겠습니까? 날마다 의미 있는 매듭을 지어 두지 않는다면, 다음 날도 비슷한 상태로 아침을 맞이하게 될 것입니다.

세 줄 일기는 자율신경의 균형을 회복하여 좋은 쪽으로 '흐름'을 바꿔 놓는 도구입니다.

세 줄 일기는
자율신경의 '전환 스위치'

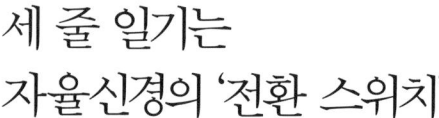

'아침에 눈을 떠서 낮에는 왕성하게 활동하고, 저녁에 어두워지면 집으로 돌아와 밤이 되면 푹 쉰다.'

대략 200만 년 동안 인간은 이러한 형태로 살아왔고, 이 시대를 살아가는 우리들 역시 이런 리듬에 맞추어 사는 것이 가장 자연스럽다고 인정합니다. 이 사실은 우리의 유전자 깊숙이 각인되어 거의 바뀌지 않습니다.

아침부터 저녁까지 빡빡한 생활 속에서 건강에 가장 중요한 때는 언제일까요? 잠든 몸을 깨우고 하루를 시작하는 아침일까요? 에너지를 집중해 한창 활동해야 하는 낮 시간일까요? 아닙니다. 하루의 끝

무렵, 즉 "오늘 하루도 끝이다!"라고 한숨 돌리는 그 순간입니다. 그때가 바로 자율신경이 전환되는 시간이기 때문이죠.

잠자리에 들기 바로 전, 자율신경이 전환된다

건강한 사람의 자율신경은 하루 안에 바뀝니다. 낮 시간에는 활동 모드(active mode, 교감신경 우위)이지만, 밤에는 휴식 모드(relax mode, 부교감신경 우위)로 전환됩니다.

우리의 자율신경은 낮에는 교감신경이, 밤에는 부교감신경이 좀 더 우위에 있도록 조절합니다. 낮에는 활발히 활동하면서, 밤에는 조용히 휴식(취침)을 취하면서 균형을 유지합니다. 그리고 이러한 모드가 변화하는 시점이 하루의 끝 무렵, 잠자리에 들기 바로 직전입니다.

자율신경의 건강은 이처럼 모드가 바뀌는 결정적인 시간을 어떻게 보내는가에 좌우됩니다. 이 시간에 세 줄 일기를 쓴다면, 활동 모드를 휴식 모드로 신속하게 전환하여 자율신경의 컨디션을 보다 양호한 상태로 유지할 수 있습니다.

남녀 모두 활동성이 급격히 떨어지는 요인이 몇 가지 있는데, 최악은 낮 시간의 교감신경 우위 상태를 부교감신경 우위 상태로 전환하지 않고 들뜬 그대로 잠드는 습관입니다. 밤늦게 야근하고 집에 돌아와 곧바로 침대로 직행하는 경우가 그러합니다. 직장일 하랴, 아이들 챙기랴 하루 24시간도 모자라는 직장 여성들은 밤에 아이들을 재우고 나면 긴장이 풀려 화장도 제대로 못 지우고 쓰러져 자기에 바쁩니다. 이는 부교감신경의 활동력을 한층 떨어뜨려 교감신경에 기반한 활동으로만 살아가게 만드는 일입니다. 그런 때는 잠을 자더라도 자는 것이 아닙니다.

해가 진 후에 집으로 돌아가 가족들과 식사를 하거나 TV를 보면서 자연스럽게 잠드는 경우는 어떨까요? 물론 집에 와서 침대로 직행하는 것보다는 낫지만 이런 습관만으로는 자율신경이 균형을 찾는 데 별 도움이 안 됩니다. 가족들과 단란하게 보내거나 TV를 보면서 느긋하게 풀어져 있더라도 심신은 제대로 쉬지 못하는 경우가 많기 때문입니다.

밤이 되었어도 우리의 몸과 마음은 낮 시간의 흥분 모드를 끌고 들어온 상태이기에 교감신경이 우위에 있습니다. 혈액순환은 악화되고 호흡은 거칠어지며 기분도 예민하게 곤두서서 진정되지 않을 때가 많습니다. 그 상태로 잠을 잔다면 숙면을 취하기 힘들거나 선잠을 자게 되어 심신이 충분히 쉬지 못합니다.

이러한 패턴이 장기화되면 심신의 피로가 회복되지 않은 채 갈수록 컨디션 난조와 심신의 피로감을 호소하게 되는 것이지요. 즉 하루를 끝마치고 한숨 돌리는 타이밍에 자율신경 모드를 전환하지 못한다면 심신의 균형을 바로잡을 기회를 놓치고 점점 악순환에 빠집니다.

노력하지 말고 '스위치'를 켜라

이 문제는 세 줄 일기를 쓰는 것으로 확실하게 해결할 수 있습니다. 자율신경은 '노력해서' 전환시킬 수 있는 게 아닙니다. 잠이 오지 않을 때 "꼭 지금 잠자리에 들어야 해! 꼭!"이라고 생각할수록 잠들기 어렵습니다. 마찬가지로 "마음을 좀 더 느긋하게 먹어야지.", "교감신경을 안정시켜야 해!"라는 마음으로 '노력해서' 모드를 전환하려고 할수록 쓸데없는 힘이 들어가 신경이 예민해집니다.

    그렇다면 어떻게 해야 할까요? 이럴 때에는 '특정 행동'을 정해 놓는 것이 모드 전환에 편리합니다. 일기장을 펼치고 펜을 잡는 순간, 심신에 힘이 빠지면서 순식간에 부교감신경이 우위에 섭니다. 컴퓨터로 세 줄 일기를 쓰면 안 되는 이유가 여기 있습니다. 모니터를 가만히 들여다보고 있으면 신경이 더욱 곤두섭니다.

세 줄 일기는 하루 생활의 리듬을 '온'(on)에서 '오프'(off)로 전환하는 스위치 역할을 합니다. 이러한 '스위치'를 찾아서 켜거나 끄는 것만으로도 마음 상태가 바뀝니다.

예를 들어 볼까요? 업무 시작을 알리는 벨소리가 울리면 '잘해 보자!'라는 기분으로 몸에 힘이 들어가고, 업무를 마치는 벨소리가 들리면 '휴, 이제 끝났다!' 하는 생각에 몸의 긴장이 풀립니다. 수업 시간에 울리는 종소리도 마찬가지입니다. 수업 종소리가 울리면 아이들은 곧 수업이 시작된다는 생각을 하면서 마음의 준비를 합니다. 휴식 시간을 알리는 종소리를 들으면 몰입하다가도 갑자기 정신이 산만해집니다. 이는 종소리에 따라 우리 몸과 마음이 반응하기 때문입니다.

잠들기 전에 쓰는 세 줄 일기도 이와 동일한 역할을 합니다. 우리 몸과 하루의 삶 전체에 대한 스위치가 되어 교감신경 모드를 부교감신경 모드로 전환시킵니다. '하루를 마치는 벨'과 같은 효과를 발휘하는 것이지요.

또 다른 이유가 있습니다. 세 줄 일기를 쓰는 순간 심신이 안정되는 것은 그때가 호흡이 정돈되는 시간이기 때문입니다. 호흡과 자율신경은 굉장히 밀접한 관계가 있습니다. 우리의 호흡이 편안해지면 자율신경도 자동적으로 부교감신경 우위 모드로 전환됩니다. 즉 세 줄 일기를 쓰면 호흡이 정돈되고 부교감신경이 우위에 서게 되며, 그로 인해 몸과 마음이 휴식 모드로 전환됩니다. 그 상태로 수면에 들면 뇌와 신체에 쌓여 있던 피로물질의 신진대사가 활발히 이루어져 심신의 피로가 말끔하게 해소되는 것이지요.

이럴 때에 수면의 질이 높아지고, 다음 날을 완전한 컨디션으로 맞이할 수 있습니다.

잠들기 전, 우리에게 찾아온 절호의 찬스

세 줄 일기를 쓰면서 누구에게도 방해받지 않은 채 심신의 정직한 상태를 직면합니다. 다른 시간에는 주위에 동료나 친구 또는 가족이 있어 자기를 온전히 살피기 쉽지 않습니다.

책을 읽거나 취미 생활을 한다고 해도, 주로 즐거움을 위한 시간이라 자신을 돌아보는 목적으로는 적절하지 않습니다. 그러나 세 줄 일기를 쓰는 시간만큼은 오롯이 자신만의 시간입니다.

반복해서 말씀드리지만, 하루를 마칠 무렵 한숨 돌리는 타이밍은 건강관리에서 가장 중요한 시간대입니다. 비록 잠깐일지라도 자율신경 모드가 전환되는 이 시간에 자기만의 시간을 갖고 하루를 돌아보는 것이 매우 중요합니다.

  하루를 마무리하는 시간은 진정 절호의 찬스입니다. 이 시간, 이 타이밍에 '세 줄 일기라는 스위치'를 누르는 것이 중요합니다. 이 찬스를 놓치지 마십시오.

세 줄 일기로 자율신경을 조절할 수 있다

매일 지나는 지하철 역 개찰구 근처에 어떤 광고물이 붙어 있는지 혹시 기억하십니까? 대다수는 무심코 지나친 탓에 거기에 광고가 있는지조차 분명하지 않을 것입니다.

다음에 개찰구를 지날 때에는 포스터에 주의를 기울여 보십시오. 비로소 포스터가 눈에 들어오고, "아! 요 근처 대학교 포스터였구나!"라며 기억에 새겨질 것입니다.

우리는 일상의 상당 부분을 무의식 상태에서 행동합니다. 매일 그렇게 살고 있기에, 확실히 의식하지 않는 한 바로 옆에 무엇이 있었는지조차 떠올리지 못합니다.

지금 이 시간도 많은 광고 홍보물들과 일상의 정보들이 우리 의식의 그물 망에 걸리지 않고 그냥 통과되고 있습니다. 그중에는 나에게 중요했던 정보나 마땅히 기억해야만 하는 생각도 있습니다. 그러나 안타깝게도, 필요한 것도 필요치 않은 것도 한번 통과되면 망각의 저편으로 사라져 버립니다.

세 줄 일기를 쓰려면 그날 하루 있었던 즐거운 일이나 안 좋았던 일들을 돌이켜 보고, 그때의 상황이나 감정을 떠올려야 합니다. 정신없이 흘러가는 일상 속에서 간과하기 쉬운 '중요 정보'나 '기억하고 싶은 것'을 매일 잠깐 멈추어 골라내는 것입니다. 하루의 주요 장면을 의식하는 과정을 통해 비로소 그날 일어났던 일에 대해 냉정해지고, 당시의 감정 상태가 아니라 관찰자의 입장에서 볼 수 있는 여유가 생깁니다. 다시 말해 일기를 쓰는 것만으로 마음이 진정되어 부교감신경 우위가 되는 것이 가능해진다는 말입니다.

사실 세 줄 일기에 써 놓은 글자는 의식 속에 강하게 남습니다. 세 줄 일기를 쓰는 행위는 그날 경험했던 것이나 머릿속으로 생각한 것을 '시각화'하는 작업과 같습니다. 낮의 활동 중 기억에 남는 것을 글로 써서, 눈에 보이는 형태로 전환하기 때문이죠. 글자라는 형태로 눈에 들어오면, 그 정보는 확실히 의식이 되어 깊이 각인됩니다.

이제껏 머릿속에 맴돌기만 하던 모호한 생각도 시각화를 통해 의식에 뚜렷이 남습니다. 만일 일기를 쓰지 않는다면, 그 생각들은 뒤돌아볼 것도 없이 부지불식간에 지워지겠지요. 그러나 글자라는 보이는 형태로 남기면 무의식을 의식화하는 일이 가능해집니다. 다시 말해 세 줄 일기는 매일같이 무의식 속으로 떠내려가기 쉬운 것들을 의식화하는 기술이라 할 수 있습니다.

수많은 사건들 중에 핵심을 파악해 기록하는 이 훈련이 자율신경에 힘을 더하는 이유는 마치 사진을 찍듯이 하루를 짧게 세 줄로 갈무리하여 의식 속에 깊이 새겨 주기 때문입니다.

이것을 좀 더 설명하자면 이렇습니다. 우리가 날마다 세 줄 일기를 써 나간다면 무의식을 의식화하는 일이 가능해져 매일 자신에게 가장 중요한 것이 무엇인지 인식하게 됩니다. '이걸 잘 못했구나', '이건 참 좋았어', '이렇게 되고 싶다'라든지 '그 일을 이루고 싶다'는 등 일상의 활동을 지배하는 핵심도 보이겠지요.

세 줄 일기를 쓰는 일에 익숙해지면 점차 '핵심을 찌르는 한 줄'을 쓸 수 있게 됩니다. 그 일기에 쓰인 핵심은 자신이 무엇을 잘 못했고 무엇을 잘했는지 알게 해주고, 자신이 어디로 가고 싶은지, 어떻게 되고 싶은지 방향을 나타냅니다. 그러한 핵심을 확실하게 갈무리할 수 있다면 자율신경에도 그 방향이 입력되는 것이죠. 그러면 자율신경도 그 '가고 싶은 방향'으로 자동적으로 향합니다.

말하자면 자율신경의 '자동조종 모드'가 작동되기 시작합니다. 이렇게 되면 건강도, 꿈과 목표의 실현도, 원하는 쪽을 향해 점점 추진력을 얻으며 실제로 목표를 이룰 가능성이 높아집니다.

이 자동조종 모드는 자신이 원하는 방향이나 목표가 설정되어 있는 사람일수록 효과가 큽니다. 나는 이 길로 가야겠다고 분명히 마음을 먹었다면, 자율신경의 자동조종 능력을 자기 것으로 할 수 있기에 스스로가 그려 왔던 목표를 향해 매진할 수 있습니다.

최고 수준의 스포츠 선수들은 모두 자신의 핵심을 일찍부터 파악하고 선별할 줄 아는 사람들입니다. 또한 자신이 어디로 나아가야 하는지를 확실히 주시하여 내면의 힘으로 꿈에 그리던 인생을 거머쥐는 능력이 있습니다.

그런 최고가 아니더라도, 세 줄 일기를 꾸준히 쓰다 보면 이처럼 높은 수준의 자아실현이 가능합니다. 이제는 일상의 수많은 일들 중에 자신에게 중요한 그 무엇을 선별하여 확보한다는 것이 얼마나 중요한지 이해했겠지요.

의식화하면 자율신경을 쉽게 조절할 수 있다

자신의 꿈이나 목표, 원하는 바를 글자로 뚜렷이 기록에 남겨 두면 그것이 실현될 가능성이 높아집니다. 지금은 어느 정도 잘 알려진 꿈을 성취하는 기술이지요. 앞서 언급했듯, 혼다 케이스케도, 이치로도, 이시가와 료 선수도 자신의 장래 희망을 써 놓았고, 그대로 이루어졌습니다.

 자기 손으로 직접 쓰고 눈으로 확인한 정보는 뇌 속에 입력되는 동시에 자율신경에도 각인됩니다. 그렇게 '이것을 하고 싶다!' 또는 '이렇게 되고 싶다!'는 목표가 자율신경에 입력되면, 일상의 행동도 그에 따라 변하기 시작합니다. 이것은 자율신경에 방향과 목표가 설정되는 것과도 같습니다. 자율신경은 일상에서 무의식 행동을 통제하고 있기 때문에, '그래? 이 방향으로 가길 원하는구나.'라고 인식한 후에는 자기도 의식하지 못한 채 그 방향을 따라 통제가 이루어지기 시작합니다.

 그런데 머릿속으로 그저 생각만 하고 있어서는 무엇도 변화시킬 수 없습니다. 생각하는 바를 글로 써서 그것을 의식화해야만 나아가야 할 방향이 보이고 저절로 손발이 그쪽으로 끌려갑니다.

글로 남겨 두면 자신의 나아갈 방향을 확실히 의식할 수 있으므로 목표 달성을 위한 동기부여가 강해지며, 이것이 치열한 연습이나 공부 등의 실천과 행동으로 이어지기 때문입니다.

자율신경의 힘을 이끌어 낸다는 것은 바로 이런 것입니다. 매일 세 줄 일기 쓰기로 자신의 생각이나 마음을 글자로 바꾸어 의식화하면 자율신경의 힘이 발휘되어 자기실현의 힘 역시 확대되고 증가되는 방식이지요. 한마디로 글자로 남겨 의식화하면 자율신경도 쉽게 조절할 수 있습니다.

그렇다면 의식화하는 데 어떤 글이 가장 효과적일까요?

짧고 단순한 글입니다. 그래야 의식 속에 깊이 각인됩니다. 주절주절 길게 써봤자 의식 속에 남지 않습니다. 단번에 핵심을 찌르는 짧은 글이 적합합니다. 바로 거기서 '세 줄'이라는 아이디어가 나왔습니다. 이 '세 줄 일기' 형태야말로 자율신경의 힘을 최대한 이끌어 내는 황금법칙입니다.

이것을 알아내기 위해 수년간 여러 시행착오를 거쳤습니다. 그리고 자율신경을 '조절'하려면 '세 가지 주제를 한 줄씩, 총 세 줄로 정리하는 형태'가 가장 바람직하다는 것을 알았습니다. 너무 과하거나 너무 부족해도 효과는 줄어듭니다.

부디 하루하루의 '의식화'를 제대로 실행하여, 일상생활 속에서 간과하기 쉬운 중요한 일들을 자율신경에 각인시키길 바랍니다. 제대로 의식만 한다면 전철역의 포스터와 마찬가지로, 이제껏 보이지 않던 것들이 보이게 될 것이고, 그렇게만 된다면 삶에서 분명 많은 것들이 달라질 것입니다.

나쁜 연결고리를 끊고
좋은 연결고리로 바꾸는 법

"요즘 왠지 컨디션이 정말 좋네! 몸도 가뿐하고, 일도 잘 풀리는 것 같아!" 이렇게 느낀다면 심신이 좋은 연결고리로 이어져 있다는 증거입니다. 이때 자율신경은 굉장히 좋은 균형을 이루고 있습니다.

반대로 뭘 해도 일이 안 풀리고 일이 손에 잡히지도 않으며, 크고 작은 짜증이 몰려온다면 심신이 나쁜 연결고리로 이어져 있다는 뜻입니다. 이때에는 자율신경의 균형도 좋지 않은 상태입니다. 이것은 검사를 통해 확인해 보지 않고도 자신의 균형 상태를 쉽게 알 수 있는 확실한 방법입니다.

이러한 컨디션의 좋고 나쁨은 대부분 자율신경과 관련됩니다. 육체의 건강은 물론 심리 상태도 자율신경의 영향을 많이 받고, 가사와 노동에 따른 컨디션 변화에서도 자율신경의 몫은 작지 않습니다. 앞으로 자기 분야에서 제대로 실력을 발휘하여 성과를 낼 수 있을지의 여부도 이 자율신경이 얼마나 균형 있게 유지되는가에 달려 있습니다.

좋은 컨디션을 유지하려면 지금 자신이 어떤 연결고리 속에 있는지, 먼저 스스로의 컨디션을 파악할 수 있어야 합니다. 그런 다음, 나쁜 고리가 있으면 적극적으로 끊어 내고, 좋은 고리를 만들어 가는 것이 중요합니다.

이처럼 '나쁜 연결고리들을 좋은 연결고리들로 조금씩 전환해 가는 것'이야말로 최고의 건강법이며 궁극적인 자아 실현법입니다. 대부분의 건강법이나 자기계발은 이러한 생각을 바탕에 두고 저자의 경험을 대중적인 필요에 맞게 바꾼 것에 지나지 않습니다.

건강이 나빠지거나 일이 잘 안 풀린다는 생각이 들기 시작하면, '지금 내가 나쁜 고리들에 연결되어 있다'는 걸 재빨리 인식하고, 곧바로 '이것들만 끊어 내면 괜찮아진다'는 점만 기억하면 쉽게 회복할 수 있습니다. 이로 인해 건강이 크게 망가지는 것을 피할 수 있습니다. 단번에 회복되지 않아도 괜찮습니다. '뭔가 좋지 않다'는 느낌이 오면, 무거운 짐을 잠시 내려놓듯 탁 놓아 버리십시오. 조금씩 회복해 나가면 되는 겁니다.

예를 들어 골프를 칠 때에도, '나쁜 고리' 안에 있다고 느끼면 뭘 해도 점점 꼬이기 시작합니다. 이때 한방에 전세 역전을 노리면 대부분은 오비(O.B.: out of bound, 골프용어로 경기가 금지된 구역으로 공이 날아가는 일, 또 그런 곳 – 옮긴이)가 나오고 결과도 좋지 않은 경우가 많습니다. 그러나 '어라? 이거 뭔가 안 좋은데.'라고 느끼면서 조금씩이라도 '회복 샷'을 날려 준다면 크게 실패하지 않고 적당한 스코어를 유지할 수 있습니다.

건강은 물론이고 다른 일에서도 이렇게 소소한 회복 샷을 꾸준히 날리는 것이 '나쁜 고리를 끊어 내고 좋은 고리를 만들어 가기' 위한 기본입니다.

3장

세 줄 일기, 내 몸을 이렇게 바꾼다

●

호흡에는 몸 상태를 단숨에
변화시킬 뿐만 아니라,
일상생활을 다르게 끌고 가는 힘이 있습니다.
그 힘을 자기 것으로 하고 싶지 않습니까?
그렇다면 잠들기 전에 10분 정도를
자기만의 리추얼로 만들어 보는 것은 어떤가요?
호흡을 가다듬고 그날의 자신과 마주하는
시간으로 삼는 것입니다.
그 습관만으로도 우리의 하루는
보다 깊고 느긋하며 규칙적인
흐름으로 변화됩니다.

호흡이 바뀐다

세 줄 일기를 쓰면 어째서 자율신경의 균형이 바로잡히는지 그 이유를 한마디로 딱 잘라 말할 수는 없습니다. 하지만 중요한 요인 하나를 꼽자면, 바로 '호흡이 정돈되기 때문'이라고 하겠습니다.

《성경》이나 《반야심경》과 같은 종교 서적을 필사할 때와 마찬가지로 일기장을 마주하고 천천히 정성스럽게 글을 쓰다 보면 심신은 순식간에 정돈됩니다. 이는 자율신경이 교감신경 우위 모드에서 부교감신경 우위 모드로 전환되었다는 증거입니다. 이러한 신속한 모드 전환이 가능한 것도 호흡이 정돈되었기 때문입니다.

자율신경을 조절하고 싶다면, 호흡을 바꿔라

자율신경과 호흡은 떼려야 뗄 수 없는 깊은 관계로 서로 얽혀 있습니다. 자율신경은 애초부터 호흡을 제어합니다. 액셀(교감신경)을 밟고 있을 때에는 호흡을 빠르게 하고, 브레이크(부교감신경)가 걸려 있을 때에는 호흡을 천천히 하는 등, 자율신경은 언제나 호흡을 제어하고 있습니다. 자는 동안 호흡이 계속 유지되는 것도 자율신경 덕분이죠.

 자율신경과 호흡은 서로 보조를 맞추어 언제나 균형을 유지해 왔고 거의 일심동체로 일하고 있습니다. 이처럼 견고한 유대 관계로 맺어져 있기에, 자율신경과 호흡은 어느 한쪽을 변화시키면 다른 쪽도 변화되는 관계로 동작합니다. 이 말은 의식적으로 호흡에 변화를 주면 자율신경도 달라져 균형을 바로잡는 것이 가능하다는 말입니다.

 따라서 자율신경을 조절하려면 호흡을 바꾸는 것이 가장 손쉬운 방법입니다. 예를 들어 심호흡을 했을 때 마음이 진정되는 것은 깊이 숨을 들이마셨을 때 다량의 산소가 몸 안으로 들어와서, 부교감신경이 자극받기 때문입니다. 부교감신경이 자극을 받으면 혈관이 확장되어 말초기관의 혈액순환이 개선되고, 그러면 신체 근육도 이완되어 몸이 휴식 모드로 바뀝니다. 긴장되거나 초조할 때에는 의식적으로

느리고 깊은 숨을 내쉬면 즉시 효과를 볼 수 있습니다.

반대로, 빠르고 얕은 호흡은 혈관을 수축시켜 교감신경을 우위에 있게 합니다. 어떤 일을 해야 하는데 의욕이 생기지 않는다면, 의식적으로 빠르고 얕게 호흡함으로써 심신을 활동 모드로 쉽게 전환시킬 수 있는 것이지요. 정리하면 이렇습니다.

〈빠르고 얕은 호흡〉

→ 신체가 산소 부족을 감지
→ 혈관이 수축되고 교감신경이 우위에 위치
→ 말초기관의 혈액순환이 악화
→ 심신이 긴장되어 활동 모드로 전환

〈느리고 깊은 호흡〉

→ 체내로 다량의 산소가 유입
→ 혈관이 확장되고 부교감신경이 우위에 위치
→ 말초기관의 혈액순환이 향상
→ 심신의 긴장이 완화되어 휴식 모드로 전환

이처럼 호흡을 바꾸는 것만으로도 자율신경과 심신의 모드가 크게 달라집니다. 알아 두어야 할 사실은 호흡에 의한 모드 전환은 '교감신경이 아닌 부교감신경의 변화'에 의해 균형이 제어된다는 점입니다.

따라서 자율신경을 능숙하게 컨트롤하고 싶다면 느긋하고 깊은 호흡으로 부교감신경을 자극하는 것이 가장 확실한 방법입니다. 마음을 진정시키고 싶거나 긴장을 풀고 싶을 때, 크게 심호흡을 하거나 숨을 천천히 고르는 것은 굉장한 노하우인 셈입니다.

세 줄 일기는
마법처럼 호흡을 안정시킨다

5년 전쯤, 연구실에 도플러(doppler)라는 혈액순환 측정기(말초기관의 혈류량을 측정하는 기계)를 도입했습니다. 이 기계로 호흡과 말초기관 혈류량의 관계를 조사하면서 놀라운 사실을 발견했습니다.

호흡을 멈추는 순간에 체내 말초기관의 혈액순환이 갑자기 악화되는 것을 눈앞에서 확인한 것입니다. 심호흡을 하면 말초기관의 혈액순환이 한순간에 회복되고, 숨을 멈추면 다시 급격히 악화되는 일이 반복되었습니다.

호흡과 건강 상태는 밀접한 관계가 있다는 사실은 익히 알려져 있었지만 설마 이토록 급격하게, 이토록 드라마틱한 변화를 보일 것이라고는 꿈에도 생각지 못했습니다.

이 실험으로 호흡을 통해 순식간에 몸 상태에 변화를 줄 수 있음을 알았습니다. 그래서 세 줄 일기의 효과에 대해 더욱 확신할 수 있게 된 겁니다. 그전까지만 해도 세 줄 일기를 쓰면서 '글을 쓰면 순식간에 안정이 되는 이유는 무엇일까?'라는 의문이 떠나지 않았습니다. 그때에야 비로소 그것이 호흡 때문이었다는 걸 납득하게 된 것이죠.

호흡을 통해 순식간에 몸의 상태를 바꿀 수 있다면 세 줄 일기를 쓸 때 갑자기 심신이 안정되어 부교감신경이 우위에 있게 되는 것도 당연하다는 생각이 들었습니다.

이제껏 봤듯이 '천천히 정성스럽게 쓴다'는 행위는 호흡을 정돈해주어 느긋한 리듬이 되도록 합니다. 호흡이 완화되면 눈 깜짝할 사이에 혈관이 확장되어 체내 말초기관까지 혈액이 고르게 퍼집니다. 이 때문에 부교감신경이 우위에 있게 되고, 그야말로 스위치를 바꾼 것처럼 휴식 모드가 되는 것이죠. 매일 확실하게 모드 전환을 할 수만 있다면 자율신경의 균형도 점차 향상될 것입니다.

현대인들은 평소 호흡이 깊지 않습니다. 특히 낮 시간에는 대부분의 사람들이 '얕아질 대로 얕아진' 호흡을 합니다. 바쁘게 일하거나 초조함을 느끼고 시간에 쫓길 때엔 부교감신경이 저하되어 저절로 빠르고 얕은 숨을 쉬기 때문입니다. 마음에 여유가 있을 때는 1분에 15~20회 정도를 호흡하지만, 긴장하거나 초조함을 느낄 때는 갑자기 20회 이상이 넘어갑니다.

또한 과도한 긴장이나 스트레스에 노출되었을 때에는 짧지만 호흡이 멈추는 경우도 적지 않습니다. 그럴 때 말초기관의 혈액순환도 순간 멈추므로, 일상의 긴장이나 초조함은 어떤 형태로든 몸에 좋지 않게 작용합니다. 게다가 낮에는 얕은 호흡이 많아 부교감신경이 대폭 저하되는데 이것을 의식적으로 회복시키지 않는다면 저절로 상승하는 일은 없습니다.

아무것도 하지 않은 채로 하루를 마치고 잠자리에 들면, 부교감신경이 위축된 상태를 다음 날까지 끌고 가게 됩니다. 낮 동안의 흐트러진 호흡 그대로, 별다른 의식 없이 생활하는 겁니다.

하지만 세 줄 일기를 쓰면 호흡을 느긋한 상태로 되돌려 놓은 후에 평온한 마음으로 잠자리에 들 수 있습니다. 하루하루 '회복 샷'을 확실하게 날리면 부교감신경을 확연히 상승시킬 수 있습니다.

이렇듯 우리는 호흡을 통해 몸 상태를 단숨에 변화시킬 뿐만 아니라 일상생활을 다르게 끌고 갈 수 있습니다. 그 힘을 자신의 것으로 하고 싶지 않습니까? 그렇다면 잠들기 전에 10분 정도를 이렇게 자기만의 리추얼로 만들어 보세요. 호흡을 가다듬고 그날의 자신과 마주하는 시간 말입니다. 이러한 습관만으로도, 우리의 하루는 보다 깊고 느긋하며 규칙적인 흐름을 타게 될 것입니다.

숙면(deep sleep)을 취할 수 있다

숙면을 취하면 높은 생산성과 좋은 결과가 나온다는 사실을 우리는 잘 압니다. 건강을 비롯한 모든 일에서 수면을 소홀히 해서는 효과를 낼 수 없습니다.

그런데 이런 사실을 잘 알면서도 가장 먼저 수면을 희생시킵니다. 여러분은 어떤가요? 정신이 맑지 않은 상태에서 야근하며 일하거나, 자격증을 따기 위해 피곤한 몸으로 밤늦게까지 공부하는 상황은 아닌가요? 보다 나은 결과를 만들어 내기 위해 졸린 눈을 비벼가며 무리할 정도로 일하지는 않는지요?

그것이야말로 본말이 전도된 것입니다. 충분히 쉬지 않고는 어떤 창

의적인 생각도, 활동도 할 수 없기 때문입니다. 그런 노력은 길게 가지 않습니다. 우리의 몸도, 뇌도, 충분한 휴식 없이는 효과적으로 움직일 수 없습니다. 전날 밤, 좋은 경기를 펼치겠다고 의지를 불태워도 숙면을 취하지 못하면 다음 날 경기를 크게 망치게 될지 모릅니다.

이러한 수면의 질적 차이는 자율신경계에 100퍼센트 영향을 줍니다. 교감신경이 과도하게 우위에 있는 채 잠들면, 뇌와 신체는 피로를 충분히 풀지 못합니다. 교감신경의 긴장이 충분이 풀리지 않으면 잠들기도 어렵고 잠을 자더라도 선잠이 들어 한밤중에 몇 번이고 뒤척입니다. 이런 날은 아침에 눈을 떠도 피로감이 남아 있고 몸도 무겁게 느껴지고, 속이 거북하거나 머리가 멍해서 아무 생각도 나지 않습니다.

수면 중에 뇌와 신체는 그저 쉬고만 있는 것이 아니라 낮 동안의 활동에서 쌓인 피로물질을 대사하거나, 각종 호르몬을 분비하고, 상한 세포를 회복시키는 등 많은 생리 현상을 실행합니다. 한마디로 다음 날 건강한 상태로 활동하기 위해 부지런히 움직이는 것이지요.

부교감신경이 우위에 있어 숙면을 취할 수 있다면 이런 시스템이 원활하게 작동합니다. 그러나 수면이 부족하다거나 수면의 질이 좋지 않으면, 부교감신경이 상승할 타이밍을 놓쳐 우리 몸은 제대로 준비를 할 수 없습니다. 그러면 당연히 다음 날 아침은 '정비 불량상태'인

채로 출발하는 것이지요.

무엇보다 최악인 것은 '철야'입니다. 밤샘을 하면 교감신경의 긴장 상태가 밤새 계속되기 때문입니다. 부교감신경이 우위에 있어야 하는 시간대임에도 불구하고 부교감신경이 전혀 상승하지 않는 것이지요. 당연히 밤을 샌 다음 날은 부교감신경 수치가 제로에 가까운 수준으로 떨어집니다. 그 상태로 교감신경 우위의 시간대로 진입하면 그날은 부교감신경이 지극히 저하된 상태로 계속 생활하게 됩니다. 이런 날들이 꾸준히 지속된다면 자율신경은 편향되어 몸도 마음도 점차 피폐해져 갈 수밖에 없습니다.

그렇지 않아도 현대인들은 평소에도 교감신경이 지나치게 긴장된 채로 살아가고 있습니다. 거기에 수면 부족까지 겹치면 가뜩이나 피로감이 역력한 자율신경은 수세에 몰립니다. 최근에 갑자기 증가하고 있는 불면증 같은 수면 장애도 대부분의 원인이 자율신경의 혼란에 있습니다. 깊이 잠들지 못한다면 자율신경에 어떤 피해가 가는지 이제 이해가 되었겠지요.

그렇다면 어떻게 해야 숙면을 취할 수 있을까요? 수많은 사람들이 숙면의 중요성을 알기에, '뭔가 좋은 방법이 없을까' 궁리하며 여러 방안을 모색해 왔습니다. '향기를 이용하면 깊은 잠을 잘 수 있다', '힐링 음악을 틀어 놓으면 자연스럽게 잠들 수 있다', '가벼운 발 마사지를 해주면 잠이 잘 온다'는 등의 다양한 방법이 소개되었습니다. 자신에게 맞는 것이 있다면 한번 시도해 보는 것도 좋습니다.

　수면의 질을 향상시키려면 세 줄 일기를 써야 한다고 자신 있게 말할 수 있습니다. 양질의 수면은 잠자리에 들기 전, 부교감신경을 얼마나 상승시켜 놓는지에 좌우되기 때문입니다. 앞서 말한 것처럼, 손글씨로 일기를 쓰면 호흡이 편안하게 정돈되고 체내 상황은 부교감신경 우위 모드로 부드럽게 전환됩니다.

　일기를 쓴다는 간단한 '완충 단계'를 하나 집어넣는 것만으로도 심신이 안정되며, 이로 인해 혈관이 이완되면 혈액순환이 좋아져서 뇌파 역시 이완 상태로 편안해집니다. 우리 몸에 "지금부턴 취침 시간이야!"라고 지시하는 것과도 같습니다.

　신체가 이렇듯 부교감신경 우위 상태가 되면 잠들기도 편해지고 수면의 질도 높일 수 있습니다. 물론 수면 중에 우리 몸이 행하는 수많은 작업들도 효율적으로 이루어집니다. 잠에서 깨기 전까지 뇌와 신체의 피로가 산뜻하게 풀려, 만반의 준비를 끝낸 상태로 아침을 맞는 것이죠.

　이때 스트레스나 짜증거리를 잠자리에까지 끌어들이지 않도록 주의해야 합니다. 불안감이나 초조함, 망설임과 같은 감정을 잠자리에까지 가져오면 교감신경이 자극을 받아 깊은 잠을 이룰 수가 없습니다.

그런데 이러한 감정들을 세 줄 일기에 쓴다면, 잠자리에 들기 전에 그날 일을 마무리할 수 있습니다. 우리 몸은 일기를 쓴다는 행위를 하루 일의 '최종 정리 작업'으로 받아들이기 때문입니다. 낮 시간 동안 느꼈던 스트레스를 정리한 다음 내 안에 애매하게 남아 있던 기분에도 종지부를 찍어 "자! 오늘은 끝났어. 이제 자면 돼!"라는 상태로 들어가는 습관이라 할 수 있죠.

이러한 정리 작업이 습관으로 자리잡으면, 신기하게도 침대에 몸을 눕히는 순간 잠들 수 있게 됩니다. '설마!'라고 생각하겠지만 사실입니다. 세 줄 일기 쓰기를 습관으로 실천하면, 일기 쓰는 일이 점차 '잠들기 위한 필수 조건'이 되어, 다 쓰고 난 후에 자연스럽게 졸음이 오게 되는 것이죠. 다시 말해, '이걸 정리하고 나면, 이제 남은 일은 잠드는 일뿐이다!'라는 패턴이 뇌와 신체에 각인되어, 세 줄 일기를 다 쓰고 나면 그때마다 심신이 자동적으로 잠들 준비를 마칩니다. 수면을 위해 이보다 좋은 습관은 없습니다. 수면 장애가 있는 사람들은 세 줄 일기의 효과를 직접 체험해 보길 바랍니다.

인간은 인생의 3분의 1을 수면으로 보냅니다. 그 시간은 보다 효율적인 활동을 위한 충전의 시간입니다. 수면 중에 뇌와 몸이 얼마나 잘

쉬었는가에 따라 다음 날의 활동 수준이 달라집니다.

세월이 쌓이면 평소 수면의 깊이에 따라 일상생활에서 여러모로 질적 차이가 나타납니다. 날마다 잠자리에 들기 전에 '세 줄 일기를 쓴다'는 '완충 지대'에 들어갔던 사람과 그렇지 않은 사람 사이에는 건강과 자기실현의 만족도에 상당한 수준 차이가 생깁니다.

수면은 일상의 기반입니다. 보다 알찬 하루를 위해, 수면의 중요성에 대해 다시 한 번 생각해 보면 좋겠습니다. 오늘부터라도 세 줄 일기 쓰는 일을 통해 삶에 완충 지대를 만들어 보는 것은 어떻습니까?

장의 골든타임을 높여 준다

장(腸) 활동에 '골든타임'이 있다는 말을 들어보셨나요? 저녁식사 후, 장의 소화 흡수가 왕성해지는 시간대를 말하는데, 대략 취침 전후의 한두 시간 정도를 장의 골든타임이라고 부릅니다. 이 시간을 어떻게 보내는가가 장 건강과 일상의 건강 유지에 매우 중요합니다.

  장의 활동은 교감신경이 우위일 때는 둔해지고, 부교감신경이 우위일 때는 활발해집니다. 그러므로 장이 음식물을 제대로 소화 흡수시키려면 부교감신경이 충분히 상승하여 심신이 모두 안정되어 있어야 합니다. 취침 중일 때는 교감신경보다 부교감신경이 우위에 있으므로 장에게는 이 시간대가 활동 시간입니다. 취침 시간이 되면 장은 노동

의지를 불태우며, "자! 오늘도 힘내서 열심히 소화 흡수하자!"라고 외치며 일을 시작합니다.

교감신경이 우위에 있을 때, 장 활동은 둔화된다

낮 시간의 교감신경 우위의 상태가 그대로 이어져 부교감신경이 저하된 상태가 지속된다면 어떤 일이 일어날까요? 장의 운동력은 약화되고, 충분한 소화 흡수가 되지 않겠지요. 밤사이 충분히 소화 흡수 활동이 일어나지 않으면 장에는 내용물이 남아 장내 환경이 악화되거나 노폐물이 쌓입니다. 그렇게 되면 장 컨디션이 좋지 못해 아침에 일어났을 때 변비나 설사 등의 증상을 보이기 쉽습니다.

  무심코 흘려들을 이야기가 아닙니다. 이렇게 해서 장의 컨디션을 지속적으로 악화시키는 사람이 의외로 많기 때문입니다. 대다수의 사람들은 평소 교감신경이 지나치게 우위에 있는 상태 그대로 잠자리에 듭니다. 그렇게 해서는 밤이 되어서야 제대로 일하기 시작하는 장에 도무지 일할 여건을 마련해 줄 수 없습니다. 그런 식으로 뱃속 컨디션이 엉망인 사람들은 항상 변비를 달고 살거나 설사를 자주 하고, 과민성 대장 장애로 많이들 고생합니다.

그렇다면 도대체 어떻게 해야 할까요? 장 활동이 가장 활발한 시간대까지 부교감신경을 상승시켜서, 장이 일하기 쉬운 환경을 조성하는 것이 가장 중요합니다. 장의 골든타임까지 교감신경 우위의 상태를 부교감신경 우위로 전환시켜 놓을 필요가 있습니다.

세 줄 일기가 확실한 효과를 보이는 지점이 바로 여기입니다. 일기를 쓰면 부교감신경이 활성화되고, 장의 활동이 활발해져서 소화 흡수가 촉진됩니다. 수면 때와 마찬가지로 장 건강에도 '취침 전 세 줄 일기 쓰기'라는 완충 단계가 있는지의 여부가 중요한 열쇠라는 것이죠. 세 줄 일기를 습관화하여 부교감신경을 확실히 상승시켜 놓으면, 우리가 잠든 후 장은 "지금이야말로 일할 때!"라며 작업에 매진할 것입니다.

골든타임에 장이 최상의 활동을 하려면 저녁식사를 일찍 끝내는 것이 중요합니다. 식사를 마치고 얼마 되지 않아 잠자리에 들면, 소화 기능이 원활하지 않아 장의 골든타임을 십분 활용할 수 없기 때문입니다. 또한 지방 축적이 과도하게 이루어져 살이 찌게 됩니다.

익히 아는 대로 저녁식사는 취침하기 두세 시간 전까지는 끝내는 것이 좋습니다. 저녁식사를 늦지 않게 끝내고 잠들기 전에 세 줄 일기까지 쓴다면 그야말로 금상첨화입니다. 이것이 습관으로 자리 잡는다면 말 그대로 '쾌변 생활'을 누릴 수 있을 것입니다.

장내 환경이 나쁘면 혈액이 오염된다

쥰텐도 병원에서 변비 외래 분야도 맡고 있어 하고 싶은 이야기가 산더미처럼 많긴 하지만, 여기서는 한 가지만 더 말씀드리겠습니다.

장은 단지 소화 흡수만을 위한 장기가 아닙니다. 장은 우리 몸의 항상성(恒常性)을 유지하기 위해 실로 많은 역할을 수행합니다. 그중에서도 혈액의 질적 차이를 좌우하는 것이 장입니다.

교감신경이 높아진 상태로 잠자리에 들면, 장의 활동이 둔화되어 장내 환경이 악화됩니다. 이렇게 좋지 않은 장에서 혈액이 영양을 흡수한다면 당연히 혈액의 질이 나쁠 수밖에 없습니다. 반대로 장내 환경이 정돈된 상태에서 영양을 흡수한 혈액은 깨끗합니다.

이때 혈액의 질을 결정하는 것이 바로 장내 세균입니다. 장 속에는 보통 20퍼센트의 선옥균(善玉菌, 좋은 균)과 10퍼센트의 악옥균(惡玉菌, 나쁜 균), 70퍼센트의 일화견균(日和見菌, 일명 '눈치균'이라고도 하며 상황에 따라 인체를 공격하기도 하고 혹은 건강하도록 도와 면역력을 증가시키기도 함. - 옮긴이)이 존재합니다. 일화견균은 이름처럼 선옥균이 늘어나면 선옥균으로, 악옥균이 늘어나면 악옥균으로 변합니다.

그러므로 장내 세균 집합의 수준을 향상시키기 위해서는 가능한 한 선옥균을 증식시켜 악옥균이 늘지 못하게 해야 합니다. 만일, 매일 설사나 변비 증상을 보인다면, 현재 장에는 압도적으로 악옥균이 우세한 겁니다. 악옥균이 지배하는 장 속은 가스나 노폐물이 쌓이기 쉽고, 이 상태의 장에서 영양을 흡수한 혈액은 심하게 오염되어 있습니다. 이러한 혈액이 몸속을 돌고 있다고 상상해 보십시오.

오염된 혈액이 피부로 전해지면 피부가 거칠어지거나 여드름의 원인이 되고, 간으로 간다면 간, 신장으로 간다면 신장, 그렇게 각 기관의 기능을 약화시킵니다. 이렇게 질 나쁜 혈액이 체내에 돌면 아토피성 피부염이나 영양 장애, 대장암 등의 문제로까지 이어질 수 있다는 부분도 이미 보고된 바 있습니다.

오염된 혈액으로 인해 각 기관의 기능이 약해지면 자율신경의 균형도 무너집니다. 자율신경의 균형이 무너지면, 혈액순환 장애가 일어나면서 동시에 면역력도 저하됩니다. 이렇게 신체는 점차 악순환의 늪에 빠집니다.

따라서 장의 컨디션이 좋고 나쁨은 단순히 장의 문제만이 아니라 몸 전체의 건강과 직결된 문제로 인식해야 합니다. 그렇기 때문에 날마다 장을 확실하게 움직여 소화 흡수를 시키고, 장내 환경을 개선하며 혈액을 보다 깨끗한 상태로 유지하는 것이 정말 중요합니다.

이렇게 장 건강에 미치는 영향을 생각하면, 잠자기 전의 완충 단계로 세 줄 일기 쓰는 습관이 새삼 더 중요하게 여겨집니다. 꾸준히 일기 쓰는 습관 덕분에 자율신경이 점차 부교감신경 우위로 나타난다면, 장의 소화 흡수도 좋아질뿐더러 장내 세균의 균형 또한 맞춰질 것입니다.

좋은 환경에서 영양을 섭취한 혈액은 충분한 영양과 산소를 함유한 깨끗한 혈액이 되어 전신으로 흐릅니다. 그 깨끗한 혈액이 온몸 구석구석으로 전달되면 각 기관의 세포가 활력을 얻어 건강해지는 것이죠. 매일 이러한 패턴이 반복된다고 생각해 보십시오. 잠자기 전에 완충 지대를 만드는 일이 얼마나 건강에 좋을지 충분히 납득이 가시지요?

앞서 말한 대로 '참된 건강'은 양질의 혈액이 온몸 구석구석까지 퍼져 60조 개의 세포 하나하나에까지 골고루 전달되는 상태를 말합니다. 매일 자율신경의 균형을 맞추며 장내 환경을 개선하면 여기에 한 발짝 더 다가설 수 있습니다.

시간에
쫓기지 않는다

 시간에 쫓겨 뭔가에 홀린 듯 온통 거기에만 관심과 생각을 빼앗긴 경험이 있을 것입니다. 그것이 창조적인 몰입의 시간이었다면 조금 위안이 될 텐데 그런 것도 아니고요. 눈앞에 쏟아지는 일을 겨우 끝마치고 나면 다음 일이, 그 일을 끝내고 나면 그다음 일이 기다리는 식으로 스케줄이 꽉 차 있어서, 때로는 일 하나를 제대로 마무리하기도 전에 다음 일에 착수해야만 하는 그런 상황 말입니다.
 만일 평소에 지속적으로 그렇게 살고 있다면, 상당히 문제가 있다는 신호입니다. 시간에 쫓기는 상황이나 느낌이 해결되지 않는 것은 자율신경의 균형이 잡혀 있지 않고 교감신경 위주로 치우친 상태라는 분명한 증거이기 때문입니다.

정도의 차이는 있겠지만 하루하루 이렇게 보내는 사람이 상당히 많습니다. 불면증이나 피로감 등의 컨디션 저조를 경험하는 분들도 그렇고요. 정신적으로나 육체적으로나 여유라고는 없이 그저 쫓기기만 하는 상황이라고 할 수 있죠.

'사사에 증후군'이라는 말이 있습니다. 매주 일요일 저녁, 〈사사에 씨〉라는 만화의 주제곡이 TV에서 흘러나오면 "아, 내일이면 또 회사(학교)에 가야 하는구나."라는 생각에 심지어 우울해지기까지 하는 증세를 말합니다.(우리나라의 '월요병'과 비슷한 개념으로 쓰인다. - 옮긴이)

저 또한 이전에는 그저 시간에 쫓겨 살았습니다. 30대 초반에 동일한 경험을 했습니다. 그렇다고 제가 일하기를 싫어했던 것은 아니었습니다. 오히려 너무 좋아해서 탈이었습니다. 그때는 제대로 쉬지도 않고 무작정 일만 했습니다. 아침 7시에 병원으로 출근해 점심도 거를 정도로 수술이나 진료로 바빴고, 밤에는 날이 샐 때까지 남은 업무를 처리하는 게 일상다반사였습니다.

격무에 시달리긴 했어도 한 번도 '일이 싫다'는 생각이 들지는 않았기에 다소 컨디션이 좋지 않아도 으레 해야 할 일로 생각하고 일에 파묻혀 지내던 시절이었습니다. 그래서 일요일 저녁이 되면 우울해지는 제 증세를 알게 되자 충격을 받았습니다. 좋아하기 때문에 열심히 했던 일인데 어째서 우울해지는 건지 납득할 수 없었기 때문이죠.

　하지만 이제는 이해가 됩니다. 돌이켜 보면, 당시에 저는 언제나 시간에 쫓기며 살고 있었습니다. 그때는 육체의 피로나 컨디션 저조가 와도 무시하고 오직 일에만 매진했습니다. 정말 누군가에게 쫓기고 있는 것처럼 일 외에는 아무것도 눈에 들어오지 않았습니다. 눈앞에 닥친 일들을 어떻게 처리해 나가야 할지에 대한 생각으로 머릿속이 가득해 몸을 돌아볼 여유가 없었습니다. 그런 상황이었기에 몸이 먼저 '우울'이라는 정지 신호를 보내기 시작한 것이겠죠. 제 경우에는 마음보다도 몸이 먼저 거부를 했던 것이었습니다.

　당시는 자율신경을 측정한다는 개념도 없던 시절이었지만, '사사에 증후군'에 빠진 그 시기의 제 자율신경을 살펴보았다면 균형 상태가 분명 엉망이었을 것입니다. 제가 자율신경에 대해 흥미를 갖고 연구를 하게 된 것은 이때부터였습니다.

어떤 스트레스 상황에서도 평상심을 유지할 수 있다

사람의 몸과 마음을 쉬 지치게 하는 요인이 몇 가지 있는데 대표적인 것이 인간관계와 기후의 변화입니다. 이 둘은 우리가 조절할 수 없는 것들입니다.

자기 일은 그럭저럭 통제가 가능하지만, 타인의 언행은 내가 어떻게 할 수가 없습니다. 상대방과 입장이 첨예하게 대립하거나, 마음에 들지는 않지만 다른 사람에게 자신을 맞춰야 하는 경우도 생깁니다. 인간관계가 스트레스인 이유는 자기 마음대로 되지 않기 때문입니다.

날씨도 마찬가지로 우리가 통제할 수 없습니다. 쏟아지는 큰 비로 손꼽아 기대하던 여행을 취소해야만 하거나, 중요한 경기에서 악천후로 충분한 기량을 보일 수 없었던 적도 있습니다. 생각대로 되지 않아서 화가 치밀거나 내가 한 일에 대해 제대로 보상받지 못한다는 느낌을 받았던 적도 있지요.

인간은 이처럼 자신의 생각대로 풀리지 않거나, 어떻게 될지 알 수 없고 자신이 통제할 수 없는 일을 만나면 스트레스를 느끼고, 심신의 균형이 흐트러집니다.

그런데 잘 생각해 보면, 인간관계나 기후라는 것이 애초부터 스스로 조절할 수 없는 것이 당연한데 자기 의지대로 되지 않는다고 고민하는 것 자체가 어리석은 일이 아닐까요? 그렇게 심신이 흐트러지지 않기 위해서는 자율신경을 강화시켜야 합니다.

자율신경은 '변화'에 대응하기 위한 신경입니다. 자율신경을 강화시켜 통제 불능의(또는 그렇게 생각되는) 상황 변화에 적응하는 힘을 길러 준다면, 자신의 의지대로 풀리지 않는 일에서도 동요하지 않고 침착한 태도로 평정심을 유지할 수 있습니다.

자율신경은 환경이나 상황의 변화에 대응하여 자동으로 신체 활동을 조정합니다. 갑자기 추워지면 땀샘을 닫아 체온이 떨어지지 않도록 하고, 갑자기 더워졌을 때는 땀샘을 열어 몸 안의 열을 땀의 형태로 내보냅니다. 그렇게 하여 기온이나 온도, 기압 등의 외부환경 변화에 신체를 적응시킵니다.

인간관계에서도 동일합니다. 눈앞의 상대가 갑자기 화를 내면 교감신경이 자극을 받아 심신은 즉각 전투태세로 들어갑니다. 심장 박동수나 호흡이 상승하여 아드레날린을 분비하고 긴급 사태를 예상해 이에 대한 준비를 하기 시작합니다. 반대로, 눈앞의 상대가 편하게 웃으면 부교감신경이 자극받아 심신을 휴식 모드로 전환합니다.

우리가 고민하는 인간관계 역시 자율신경이 얼마나 신속하고 효과적으로 조치를 취할 수 있는지에 달려 있습니다. 자율신경의 균형이 높은 수준으로 정돈되어 있다면 환경이나 상황 변화에 신속하게 대처하고, 곤란한 사태를 만나도 탄력적으로 대응할 수 있습니다.

평상시 자율신경이 안정되어 있으면, 변화에 대한 적응력이 어마어마하게 넓어집니다. 그러나 자율신경의 균형이 붕괴된 사람은 환경 변화나 상황 변화에 대한 대처가 더딥니다. 갑작스레 추워지면 신속한 체온 조절을 못해 감기에 쉽게 걸리고, 눈앞의 상대가 갑자기 화를 내면 심신의 모드 전환이 빠르지 못해 대응이 서툴러 문제를 일으킬 수도 있습니다.

게다가 자율신경의 균형이 한쪽으로 치우친 사람은 상황에 대처하는 폭도 좁아서, 언제나 정해진 방법으로만 대응합니다. 특히 교감신경이 돌출되어 있는 사람은 언제나 예민해져 있기 때문에 일이 자신의 뜻대로 풀리지 않으면 바로 큰소리를 내거나 이성을 잃는 경향이 있습니다. 자율신경이 불안정하면 몸과 마음에 여유가 없어, 환경이나 상황 변화에 부드럽게 반응하지 못해 적응에 실패하기 쉽습니다. 이처럼 사업은 물론이고 스포츠나, 건강 유지나, 개인적인 인간관계에도 자율신경은 엄청난 영향을 미칩니다.

현대 사회를 살아가며 사람들이 겪는 스트레스는 상상을 초월합니다. 주변을 둘러보면 의지대로 되지 않는 것들 투성이고, 뜻밖의 변수들이 차고 넘칩니다. 정말 언제 무슨 일이 일어나도 놀랍지 않을 정도입니다.

이렇듯 무슨 일이 일어날지 예측할 수 없는 일상, 어떤 일이 벌어진다 해도 새삼스럽지 않은 인생을 살면서 변화에 대한 대처와 적응력을 키운다면, 스트레스나 고민 또는 시련에 절망하지 않고 활기차게 살아갈 수 있지 않을까요? 그러한 '생존의 힘'을 내 것으로 하려면 매일같이 회복 시스템을 가동해 자율신경의 균형을 잡아야 합니다.

국민영예상(국민에게 큰 사랑을 받고 사회에 공헌한 바가 크다고 생각되는 인물에게 일본의 총리대신이 수여하는 상 – 옮긴이)을 수상한 야구 선수 마쓰이 히데키는 자이언트에서 뉴욕 양키스로 이적한 첫해, 타격은 좋아지지 않고 병살타만 계속되는 등 극도의 부진에 빠져 있었습니다.

가차 없기로 유명한 뉴욕 언론은 마쓰이에게 '땅볼왕'이라는 닉네임까지 붙여 가며 연일 혹평을 해댔습니다. 그런 취급을 받는 것이 신경 쓰이지 않느냐는 기자의 질문에 마쓰이는 이렇게 대답합니다.

"신경 쓰지 않습니다. 기자들이 뭘 쓰는지는 제가 통제할 수 있는 것이 아니니까요. 저는 제 힘으로 조절할 수 없는 것에는 관심이 없습니다."

자기 일은 스스로 조절할 수 있지만 타인의 말과 행동은 자기 능력 밖의 문제이며, 자신이 조절할 수 없는 것에 휘둘리지 않겠다는 것이지요.

'역시 일류는 다르다!'는 생각이 들었습니다. 이치로나 혼다 선수도 그렇지만, 일류들은 자기가 통제할 수 없는 일에는 별로 신경을 쓰지 않으며 조절 가능한 일에만 관심을 기울입니다. 자신이 변화시킬 수 있는 것과 그렇지 않은 것을 잘 분별하여 스스로 변화시킬 수 있는 것에만 집중하여 지속적으로 단련하고, 최대한의 힘을 발휘할 수 있도록 컨디션을 조정합니다. 이러한 일관된 자세를 유지함으로써, 환경이나 상황이 바뀌어도 한결같은 평상심을 유지하며 자신의 일을 해내는 것이지요.

지금까지 살펴본 것처럼, 사람의 심신을 교란시키는 요인에는 여러 가지가 있는데, 특히 자기 힘으로 어찌할 수 없는 일에 지나치게 예민하면 생각대로 풀리지 않는 일에 대한 스트레스가 쌓입니다. 이 때문에 자율신경의 균형도 무너져 적응력의 폭이 좁아지므로, 환경이나 상황의 변화에 대처할 수 없게 됩니다. 스스로 컨트롤할 수 없는 일에 지나치게 신경을 쓰면 자기 통제력도 떨어집니다.

그래서 하루를 마무리하며 심신을 회복시키는 습관으로 '흔들림 없는 평상심'을 키워 나가야만 합니다. 단지 마쓰이 흉내를 내라는 것은 아닙니다. 자신이 조절할 수 있는 일과 그렇지 않은 일을 엄밀히 구별하여 평상심을 유지하는 것은 어지간한 정신력으로는 불가능합니다. 우리 같은 평범한 사람들은 따라 하기 힘들지요.

자기 능력 밖의 일로 스트레스받고 힘들어 하는 날들이 되풀이될 때 그냥 적당히 넘겨 버리지 말아야 합니다. 매일 회복 시스템을 가동해 궤도 수정을 잘 해준다면 스트레스에 지배당하지 않는 평상심을 유지할 수 있습니다.

날마다 궤도 수정을 통해 자율신경의 균형을 잡으면 적응력의 범위를 점차 넓혀갈 수 있습니다. 환경이나 상황의 변화를 민첩하게 감지하여 그 상황에 적합한 대처를 할 수 있게 되기 때문입니다.

이것이 능숙해지면 적절한 시기에 자신의 능력을 유감없이 발휘할 수 있게 되겠지요. 또한 아무리 어려운 환경이나 힘든 상황이 닥치더라도 확고한 평상심으로 스트레스에 휘둘리지 않으며 자신의 능력을 충분히 발휘할 수 있습니다.

평소 이러한 평상심을 유지한다면 슬럼프나 부상 등으로 컨디션이 최악인 상태에서도 중압감을 견뎌 낼 수 있습니다. 회사원이든 스포츠맨이든 인생을 살아가는 데 시련이나 좌절은 피할 수 없습니다. 그렇게 수많은 난관을 극복하면서 성장해 나가는 '단련된 능력'을 익히는 겁니다.

어지러울 정도로 빠르게 변화하는 시대입니다. 한 치 앞도 예측할 수 없으며, 어떤 어려움과 시련이 기다리고 있는지도 모릅니다. 이러한 시대의 변화에 끌려 다니지 않고 자신만의 인생을 살아가기 위해서는 날마다 자율신경을 안정시켜 평소에 평상심을 축적해 놓아야 합니다. 내면에 이러한 능력을 확실히 쌓아 둔다면, 앞으로 어떤 일이 일어난다 할지라도 유연하게 대처하면서 자신의 능력을 발휘하며 생존해 나갈 수 있습니다.

그렇게 스스로를 조절할 수 있는 것이 진정한 능력입니다.

4장

세 줄 일기,
이렇게 써라

천천히 정성스럽게
마음을 담은 글에는 어떤 '힘'이 있습니다.
이러한 글쓰기를 습관으로 만들면,
제아무리 바쁜 나날을 보내다가도
일기를 쓰려고 펜을 쥐는 순간
놀라운 일을 경험합니다.
호흡이 안정되면서 심신이 진정되고
자율신경은 균형을 찾아갑니다.

쓰는 것은
세 가지

일기를 쓰는 방식에는 저마다의 스타일이 있습니다. 팝 아티스트계의 거장 앤디 워홀은 직접 만나거나 전화로 긴 시간 이야기하며 구술과 필기로 일기를 썼습니다. 쿠바 혁명의 영웅인 체 게바라는 의대생 출신답게 차트를 작성해서 분석하듯 냉정한 필치로 혁명의 나날을 기록했습니다.

쓰는 내용도 사람마다 달라서 그날 먹은 것 위주로 기록하는 사람이 있는가 하면, 취미생활에 대해서만 쓰는 사람도 있습니다. 에도 시대의 시인 고바야시 잇사(小林一茶)는 말년에 맞이한 젊은 부인과의 연애기록만을 일기로 남겼다지요. 일기는 어디까지나 개인적인 것이기에 스타일에 구애받을 필요도 없고, 무엇을 어떻게 쓰든 자유입니다.

기본적으로는 여기에 동의합니다. 다만 세 줄 일기에는 '세 가지 내용을 한 줄씩', '손글씨로', '천천히 쓰기' 정도의 룰이 있습니다. 세 줄 일기를 쭉 써오면서 겪은 시행착오에 비춰볼 때 자율신경계의 힘을 강화시키는 데에는 이 방식이 가장 효과가 있었고, 부담도 적어 지속하기가 쉬웠습니다.

자율신경의 힘을 최상으로 발휘하는 세 줄 일기 기본 매뉴얼

세 줄 일기를 쓰는 노하우를 소개하겠습니다. 이 방식대로 하다 보면, 자신에게 도움이 되는 방향으로 자율신경을 활용할 수 있게 됩니다.

• 쓰는 순서 •

1. 안 좋았던 일 →2. 좋았던 일 →3. 내일의 목표 순으로 씁니다.

• 날짜/요일 •

날짜와 요일은 반드시 기입합니다. 날씨까지 적을 필요는 없습니다.

• 세 가지 내용을 한 줄씩 •

'오늘 가장 안 좋았던 일(또는 컨디션이 좋지 않았거나 기분 나빴던 일)', '오늘 가장 좋았던 일(또는 기뻤던 일, 감동적이었던 일)', '내일의 목표(또는 가장 관심 가는 일)'에 대해 차례차례 한 줄씩, 총 세 줄의 문장으로 간결하게 정리합니다.

여기서 주의할 점은 세 가지를 동시에 생각한 후 적는 것이 아니라 한 번에 하나씩 생각하고 적는 것입니다. 즉 안 좋았던 일을 먼저 생각한 후 한 줄 적고, 그다음에 좋았던 일을 생각한 후 한 줄 적고, 그리고 나서 내일의 목표를 적는 것입니다. 한 줄씩 쓸 때마다 거기에 집중해서 생각하고 다음으로 넘어가야 합니다.

• 한 줄의 글자 수 •

글자 수에 제한은 없지만, 노트나 일기장에 한 가지 내용을 간결하게 써야 합니다.

• 반드시 손글씨로 •

세 줄 일기는 반드시 손으로 써야 합니다. 휴대폰이나 워드프로세서를 사용해서는 효과가 없습니다. 필기도구는 만년필이나 볼펜 또는 연필 등 자신의 취향에 맞게 쓰면 됩니다.

• 천천히 정성스럽게 •

글씨를 얼마나 잘 쓰는지(아니면 악필인지)와는 상관이 없습니다. 다만 한 글자 한 글자 천천히, 정성스럽게 써야 한다는 것에 유의하십시오.

• 쓰는 시간대 •

하루를 마치며 '이제 남은 건 잠자는 일뿐!'인 시간에 씁니다. 주로 밤에 목욕을 하는 분은 목욕을 끝내고 취침하기 전에 잠깐 일기 쓰는 시간을 가지십시오.

• 쓰는 장소 •

마음이 안정되는 편안한 장소에서, 반드시 혼자 책상 앞에 앉아서 쓰십시오. 시끄러운 장소나, 옆에 가족이나 다른 사람이 있을 때 쓰는 것은 피합니다.

• 소요 시간 •

이것도 제한은 없습니다. 3분이든, 30분이든 상관없습니다. 일기를 쓰는 데 걸리는 시간이 그날그날 달라도 괜찮습니다. 정신적으로 여유가 있거나, 깊이 생각하고 싶을 때는 평소보다 시간을 더 들이는 것도 좋겠지요.

• 다른 사람에게 보여 주지 않는다 •

세 줄 일기는 블로그처럼 타인에게 보이기 위해 쓰는 것이 아닙니다. '다른 사람들에게 보여 주지 않는 것'을 명심합시다.

• 작문이 아니다 •

세 줄 일기는 작문이 아닙니다. 문장을 잘 정리하거나 수려한 문장이 아니어도 괜찮습니다. 자신의 심정을 있는 그대로 토로하는 것이 중요합니다. 문장력에 신경 쓰지 말고 생각한 바를 솔직히 쓰도록 합시다.

• 뒷담화도 OK •

애써 '좋은 이야기'로 정리하지 않아도 됩니다. 뒷담화나 회사에 대한 불만을 써도 괜찮습니다. 푸념, 비방, 중상모략, 시기, 질투 등 자신의 부정적인 감정도 솔직히 쓰십시오.

• 노트 •

각자 취향대로 쓰면 됩니다. 다만 보통 일기장은 공간이 넓어 세 줄보다 더 많이 쓰고 싶을 것입니다. 참고로 저는, 오랜 시간 '세 줄 일기장' 전용 노트를 애용하고 있습니다. 하루하루를 기록하는 공간이 협소해서 세 줄만 쓰기에 안성맞춤입니다.

• 다이어리는 피하라 •

평소 사용하는 다이어리에 쓰는 것은 권하지 않습니다. 다이어리를 만지작거리게 되면 '분주하다'는 이미지가 떠오르기 때문입니다. 게다가 하루 스케줄이 한눈에 들어와 오히려 교감신경을 자극하게 될 가능성이 높습니다. 다이어리와 세 줄 일기는 철저하게 구분해야 합니다.

• 매일 쓰지 않아도 괜찮다 •

매일 쓰는 것이 기본이지만, 가끔은 쓰지 못하는 날이 있어도 괜찮습니다. 술에 취해 집에 돌아오거나, 출장 업무로 바빴거나, 이런저런 까닭에 일기를 쓸 수 없는 날도 분명 있을 겁니다. 숙제처럼 생각해서는 안 됩니다. 물론 매일 쓸 수 있다면 더할 나위 없겠지만, 마음먹었다 해서 완벽히 지킬 수 있는 사람은 흔치 않습니다.

매일 쓰지 않아도 괜찮다는 말에 의외라고 생각하는 분도 있을 겁니다. '일기'에는 '매일 빠짐없이 써야 한다'는 이미지가 따라 다니기 때문이죠. 그러지 않아도 된다는 말을 듣고 살짝 안심하는 분도 계실 겁니다.

제 경우엔 연일 계속되는 출장으로 분주하거나 갑자기 장례식장에 가야 한다거나 술에 좀 취한 날은 '에이, 오늘 일기는 됐어!'라고 하는 날이 있습니다. 그럴 때는 무리해서 쓰지 않아도 됩니다. 하루나 이틀 공백이 생겨도 언제라도 새로 시작하는 마음으로 다시 쓸 수 있습니다.

　세 줄 일기는 마치 '은신처'같이 느껴집니다. 꾸준히 자신의 행동이나 심리 변화를 기록하다 보면, 일기가 마치 나의 분신처럼 생각되는 것이지요. 제아무리 힘들고 피곤한 날이라도, 집에 돌아와 세 줄 일기장을 펼치면 순식간에 평소의 자신으로 돌아온다고나 할까요?
　이렇게 계속 세 줄 일기를 쓰다 보면, 어떤 날에는 마치 내가 집에 오기를 기다리고 있었다는 느낌을 받기도 합니다. 설령 일기를 쓰지 못한 날이 있더라도 다음 날 저녁, 평소처럼 '안식처'로 돌아가면 됩니다. 세 줄 일기를 이런 식으로 대하는 것이 매우 중요합니다.
　무슨 일이 있더라도 세 줄 일기만큼은 나를 이해해 주고 배신하지 않습니다. 그러다 보면 언젠가는 자신을 이해해 주는 유일한 친구 역할도 하지 않을까요. 그러한 친근감을 느끼게 된다면 일기장을 펼치기만 해도 심신의 안정을 얻습니다. 여러분도 세 줄 일기를 '자신만의 은신처'로 삼아 써보기를 바랍니다.
　이제 쓰는 형식에 대해 더 구체적으로 설명하겠습니다.

'오늘 가장 안 좋았던 일'
- 솔직한 마음으로 부정적인 감정을 모두 쏟아 놓는다

세 줄 일기를 쓸 때는 늘 '솔직한 마음'이 되고자 애써야 합니다. 낮 시간에 우리 대부분은 솔직함을 감추고 허식이라는 옷을 입기 때문입니다. 가령 싫은 사람 앞에서 억지로 웃거나, 마음에도 없는 이야길 한다거나 하는 일들입니다. 개중에는 이런 옷을 너무 많이 껴입어 진짜 자신이 누구인지 잊어버린 사람도 있습니다. 그렇게 하루하루 쌓인 허식은 우리에게 상당한 스트레스로 작용합니다.

적어도 하루를 마치며 일기를 쓰는 시간만큼은 솔직해야 합니다. 부지런히 일하는 동안 우리에게 입혀진 '허식'이라는 옷을 한 겹씩 벗어 던져 마음을 '벌거숭이 상태'로 만든 후, 가능한 한 마음을 속이지 말고 한 글자씩 쓰는 겁니다. 폼 잡지도 말고 자신을 속일 것도 없이 내면을 직시하며 솔직하게 쓰면 됩니다. 낮에 '껴입은' 것이 많을수록 '벌거벗은 자신'으로 돌아오는 시간을 더욱 소중히 여겨야 합니다.

물론 그중에는 쓰기 힘든 일도 있습니다. 특히 자신의 나쁜 감정에 집중하다 보면 스스로의 결점을 부각시키는 것 같아 마음이 편치 않을 때도 있습니다. 그러나 나쁜 감정을 마냥 피하는 것은 바람직하지 않습니다. 오히려 이러한 측면이야말로 적나라하게 드러내어 적극적으로 전환시켜야 합니다.

예를 들자면 이렇게 쓰는 것입니다.

아, 진짜! 이런 회사 때려치우든가 해야지!
(회사에 불만)

아무리 단골손님이라 해도, 저렇게 싫은 놈한테 알랑거리는 내가 진짜 한심하다!
(자신의 태도에 불만)

○○ 부장은 정말 최악이야. 언젠가 열 배로 갚아 주마!
(상사에 대한 뒷담화)

> 그딴 일로 화를 내고… 나란 인간은 정말 속 좁은 남자다!

(자기혐오)

> 아니, 왜 내가 이걸 책임져야 하냐고!

(공정치 못한 처사에 분노)

> 마누라의 말 한 마디 한 마디에 열받는다! 진짜 같은 공간에서 숨 쉬는 것조차 싫다!

(배우자에 대한 불만)

이외에도 여러 형식이 있겠지만, 이런 종류의 부정적인 감정을 세 줄 일기의 제일 첫 줄에, '오늘 가장 안 좋았던 일(짜증 났던 일)' 항목으로 쓰면 됩니다.

욕설, 험담, 불평, 불만, 분노, 시기, 질투 등 어떤 부정적 생각이라도, 어떤 안 좋은 말이라도 상관없습니다. 자신의 내면을 있는 그대로 솔직히 토해 내면 됩니다. 다른 이에 대한 험담도, 당사자가 들으면 기분이 상하겠지만 세 줄 일기장에는 써도 됩니다. 다른 사람이 알게 될 거라는 걱정은 하지 않아도 되니 세 줄 일기에서만큼은 자신의 부정적인 속내를 감추지 말고 솔직히 드러내십시오.

안 좋은 감정이나 행동을 일기로 쓰는 일이 중요하다고 이토록 강조하는 이유는 무엇일까요? 이것은 자신을 '내려놓는 것'과 관계가 있습니다. '내려놓는다'는 것은 '포기하는' 것이 아니라 '깨닫는다'는 의미입니다. 잡다한 허식을 내려놓으면 '분명히 알게 된다'는 의미죠.

자신의 속마음을 알아채는 일은 의외로 쉽지 않습니다. "이건 내가 싫어하는 패턴이군", "뭔가 일이 꼬인 것 같아!"라는 식으로 생각될 뿐, 그 너머에 있는 속마음을 깨닫는 일은 자주 일어나지 않습니다.

자기 마음속에 있는 것들은 밖으로 끄집어 내 직접 눈으로 확인해야 합니다. 따라서 우선, 일기에 쓰고 그것을 자각하는 것이 중요합니다. 자기 내면의 안 좋은 상태를 일기에 쓴다면, 그다음엔 저절로 '앞으로 어떻게 해야 좋을지'를 떠올리게 됩니다. 부담을 느꼈던 스트레스가 있다면 그것을 적어 놓은 뒤 어떻게 해야 할지 생각하면 됩니다. 자기 속마음을 확실히 모르면 아무것도 시작할 수 없습니다.

그런데 뭐든지 확실히 알게 되면 상황은 180도로 달라집니다. 예를 들어 동료에게 극심한 질투를 느끼고, 그러한 질투심에 사로잡힌 자신에게 혐오감을 느낀 나머지 일기에 '질투심! 아! 내 그릇은 정말 작다.'고 쓴 기억이 있다면, 동일한 상황이 벌어졌을 때 질투심이 생기는 것과 동시에 '그릇이 작다'고 썼던 말 또한 떠오릅니다. 그렇게 되면 '아, 또 그렇군. 같은 실수를 하려고 하네!'라는 생각이 번뜩 나를 사로

잡습니다. 그렇다면 이전과는 다르게 행동할 수 있는 여지가 생깁니다.

이처럼 자신의 내면에 존재하는 안 좋은 감정이나 스트레스는 세 줄 일기에 써서 분명히 그 모습을 공개하는 것만으로도 점차 변해갑니다. '분명히 알게' 해 놓으면 몸도 마음도 모두 편안해지고, 이 문제를 어떻게든 해결해 보자는 의식이 발동합니다. 자기 마음에 들지 않는 점은 인정하고, 때에 따라서는 그것을 변화시킬 수도 있습니다.

이러한 효과도, 일기를 써서 자율신경의 힘이 발휘되기 때문에 발생한 것입니다. 문제의 소재를 글로 분명히 남기면 신기하게도 자율신경은 균형을 찾아갑니다. 문제의 원인이 무엇인지 정확히 알았을 때, 마음에 이상하리만치 평안이 몰려든 경험을 해보았을 겁니다. 그러한 문제점들을 확실히 의식화하면 자율신경이 조절되어 어떻게든 그 문제를 해결하려고 들겠지요. 이처럼 자율신경의 힘을 능숙하게 이끌어 낼 수 있다면, 자신이 원하는 방향으로 마음이나 성격을 변화시키는 것도 가능해집니다.

반면에 스스로를 속이는 일이 늘어날수록 자율신경은 더욱 흐트러집니다. 낮 동안에 마음에도 없는 말을 자주 한다거나, 자신의 의식과 반대되는 행동을 자주 한다면 자율신경은 상당한 영향을 받고 흐트러집니다. 스스로를 속인 채 허식으로 가득 찬 하루를 보내면, 균형이 계속 흐트러진 상태로 심신에 상당한 악영향을 일으킬 것입니다.

쉽게 예측할 수 있는 일이지요.

사는 동안 누구나 조금씩은 자신을 과장하거나 왜곡시키면서 스스로를 포장합니다. 자신을 다 드러내면 사람들에게 무시를 당하고 많은 상처를 입을 수도 있습니다. 자신을 지켜 내기 위해 어느 정도의 분별력은 필요한 것이죠. 그런 날일수록 세 줄 일기를 통해 자신의 솔직한 마음, 있는 그대로의 자신을 돌이켜 보고, 균형을 잡아가는 것이 중요합니다. "낮 시간은 어쩔 수 없이 약간의 거짓을 보탰지만, 일기를 쓰는 순간만큼은 스스로를 속이지 말자!"라는 자세로 세 줄 일기를 쓴다면 심신의 균형이 잘 유지될 것입니다.

이것은 '허식 모드'에서 '솔직 모드'로 바꾸는 것입니다. 그러므로 일기를 쓸 때만큼은 가능한 한 스스로를 속이지 말고 싫은 감정이나 스트레스까지도 숨김없이 다 토로하길 바랍니다. 그런 모든 모습이 다 당신입니다. 괜찮습니다. 드러내십시오.

존 레논도 젊은 시절 꾸준히 일기를 썼습니다. 지금은 소재 파악이 어렵지만, 그 일기에는 젊은 시절 존 레논의 생각이나 행동들이 꽤 적나라하게 씌어 있었다고 합니다. 존 레논은 이모의 손에서 크다가 얼마 안 가 부모님을 여의게 됩니다.

허식으로 가득 찬 세상에 대한 반항심으로 한동안 상당히 문제를 일으키며 살았던 존은 일기에 자신의 내면에 있는 악한 감정들은 물론, 범죄 행동이나 성적 편력에 이르기까지 모든 것을 고스란히 글로 썼다고 전해집니다. 물론 내용의 원본도 공개되지 않은데다가 제삼자인 저널리스트가 사뭇 선동적인 분위기로 몰고 간 탓에, 존 레논이 실제로 그렇게 방탕한 생활을 했는지에 대한 진위 여부는 확실치 않습니다.

그러나 어느 정도는 신빙성이 있다고 생각합니다. 그 정도로 마음을 송두리째 드러낼 수 있는 사람이 아니면 그렇게 아름다운 음악을 만들 수 없기 때문입니다. 존 레논은 감정의 밑바닥까지 내려가 스스로에 대해 성찰하고 내면의 쓸쓸함이나 연약함을 거짓 없이 토해 내 수많은 명곡을 탄생시켰습니다. 그가 만든 곡 모두는 아마도 레논 자신의 영혼이 부르짖는 소리였을 것입니다.

우리도 일상을 살아가며 마음속에 있는 허식이나 거짓을 내려놓고 진실만을 추구한다면, 많은 이들의 심금을 울릴 음악이나 예술 작품을 남길 수도 있습니다. 자신의 내면에 있는 나쁜 감정을 외면하지 말고 끌어안아 보지 않겠습니까?

'오늘 가장 좋았던 일'
- 짧고 힘 있게 적는다

'자민당을 박살내자!'
'개혁 없는 성장은 없다!'
'고통을 잘 견뎠습니다! 감동입니다! 감사합니다!'

 기억하십니까? 고이즈미 전 총리가 평소 자주 했던 말입니다. 당시에는 '한 줄의 법칙'으로 불렸죠. 지금 생각해 보면, 이런 한 줄에는 정말 대단한 힘이 있었습니다. 고이즈미가 당시 여러 계층에 폭넓은 지지를 받았던 것도 이런 이유 때문일 겁니다. 짧지만 힘찬 표현은 사람들의 뇌리에 강하게 인식됩니다.

강력한 한 줄은 장황한 말보다 사람들의 기억 속에 더욱 뚜렷하게 입력됩니다. 고이즈미는 이미 그런 힘을 알고 있었습니다. 그가 주절주절 장황하고 애매한 표현으로 일관했다면, 그 정도로 깊은 인상을 남기지는 못했을 것입니다.

이번에는 세 줄 일기의 기본인 '짧은 문장을 만드는 법'에 대해 살펴보겠습니다. 실제로 해보면, 쓰고자 하는 것을 한 줄로 정리한다는 게 쉬운 일은 아닙니다. 노하우를 정리하자면 다음과 같습니다.

1. 유려한 문장을 만들려 하지 말고 될 수 있으면 한 줄로 표현한다.
2. 그때의 상황을 장황하게 설명하지 않는다.
3. 핵심을 찌르는 주요 부분에 초점을 맞춘다.
4. 자기 기분을 한 줄에 솔직하게 압축한다.

더 설명해 보겠습니다. 만약 여러분이 어떤 자격 시험에 자랑스럽게 합격했다면, 그날 밤 세 줄 일기의 두 번째 줄 '오늘 가장 좋았던 일'에는 어떤 한 줄을 남기겠습니까?

A. 일 년 동안 열심히 준비했던 자격시험 결과가 도착했다. 결과는 합격! 정말 기쁘다.

B. 드디어 합격! 해냈다! 해냈어! 해냈다구!

A와 B 중 어느 쪽이 확실하게 의식에 각인될까요? 딱 한 줄로 표현된 B쪽에 더 힘이 들어갑니다. A쪽은 문장이 길어 단번에 들어오지 않지만, B는 머릿속에 확 꽂히지 않습니까?

한마디로, 이것으로 충분하다는 겁니다. 논리적인 문장으로 만들어 멋지게 마무리하지 않아도 되고, 그때의 상황을 굳이 설명하지 않아도 됩니다. 핵심을 찌르는 한 줄은 설명하지 않아도 그때의 상황을 생생하게 생각나게 하기 때문입니다.

몇 주가 지났다 하더라도 그날 일기에 적혀 있는 '드디어 합격! 해냈다! 해냈어! 해냈다구!'라는 한 줄을 보면 그때의 기쁨이 머릿속에 떠오르겠죠. 이렇게 짧고 힘찬 말은 그때의 상황을 보다 뚜렷하게 뇌리에 새기는 역할을 하여 결과적으로 자율신경에 쉽사리 지워지지 않는 강한 흔적을 남깁니다.

그러므로 공연히 체면을 차리려고 하지 말고, 자신의 기분을 솔직하게 표현하는 게 좋습니다. 그 한 줄에 기분을 압축하는 것도 중요합니다. 특히 기뻤던 일이나 감동받은 일, 바라는 일이나 목표 등을 쓸 때는 그때의 '기분'을 글로 옮기는 것이 중요하죠.

생애 처음으로 홀인원을 달성했던 때였습니다. 홀인원은 평생에 한 번 일어날까 말까 하는 일이죠. 나와는 관계없는 일이라고만 생각했는데, 그날 그 일이 일어난 겁니다. 게다가 우연히 주운 남의 공으로 말이죠. 이전 홀에서 공을 잃어버려 새 공을 꺼내기 귀찮아 우연히 주운 공을 썼습니다. 또한 해가 있는 방향으로 쳤기 때문에, 눈이 부셔서 공의 행방을 알 수 없었습니다.

"어라? 어떻게 된 거지? 또 잃어버린 건가?"라면서 별 기대 없이 이야기하며 걸어갔는데 아주 멋지게 공이 들어가 있었습니다. 멤버들 사이에서도 함성이 터져 나왔습니다. 그때의 기쁨이란! 결코 한마디로 표현할 수가 없었습니다.

그날 밤, 저는 일기에 이렇게 적었습니다.

"홀인원! 기적이 일어났다!"

한 글자 한 글자, 기쁨을 음미하며 적었습니다. 몇 년이 지나도, 이 한 줄을 읽는다면, 그때의 정황이 자세히 생각날 것입니다. '다른 사람 공으로 골프를 치게 된 것', '아름답게 빛나던 석양', '홀에 공이 들어가 있는 걸 발견했을 때 터져 나왔던 함성들';……. 아마도 그날의 기적을 평생 잊을 수 없을 것입니다.

'내일의 목표'
- 자신의 힘을 집중시켜야 하는 핵심을 요약한 후, 구체적인 행동을 쓴다

세 줄 일기의 여러 놀라운 효과 중에 간과할 수 없는 것이 더 있습니다. 하루를 살아갈 동기부여를 확실히 얻게 된다는 점입니다.

앞서 말했듯이, 세 줄 일기는 '오늘 최악의 실패(어려움) → 오늘 최고의 기쁨(감동) → 내일 최우선의 목표(혹은 최대 관심사)'라는 순서대로 씁니다.

이 순서를 지키면 확실한 동기부여가 됩니다. 처음에는 울적한 마음으로 '오늘 최악의 실패'를 적더라도, 이어서 '오늘 받은 최고의 기쁨'을 적은 후에는 "오늘 나쁜 일만 있었던 게 아니네. 좋은 일도 있었어!"라는 생각이 들면서 컨디션이 회복됩니다. 그리고 최종적으로 '내일의

목표'를 적는 것으로 "좋았어! 내일은 더욱 힘을 내보자!" 하는 생각이 들며 사고의 전환이 이루어지는 것이죠.

마지막의 '내일의 목표'를 쓰려면 약간의 요령이 필요합니다. 지금부터는 그 방법에 대해 이야기해 보겠습니다.

인간이 날마다 전력질주를 할 수는 없습니다. 며칠 동안 전력으로 달리다 보면 결국엔 탈진합니다. 그러므로 하루를 돌이켜 봤을 때, 가장 집중적으로 힘을 발휘해야 하는 것이 무엇인지 구별해야 합니다. 요컨대 내일이라는 하루 속에서 '승부의 시점'을 파악하는 것이 관건입니다.

내일 스케줄을 대충 떠올려 보면, '저 일들은 적당히 해도 간단히 처리할 수 있지만, 이 일은 중요한 일이니까 전력질주가 필요하겠군!' 하는 생각에 자연스레 우선순위를 생각하게 됩니다. 그리고 어떤 것에 가장 힘을 쏟아야 하는지, 그 일의 범위를 최대한 좁히는 것이 좋습니다. 그렇게 요약한 핵심을 '내일의 목표'라 하고 일기장에 쓰는 것입니다.

예를 들어 내일 오후 신상품개발회의에서 프레젠테이션을 할 예정이고, '프레젠테이션에서 상품을 소개할 때 약간의 유머를 섞어 재치있게 이야기하고 싶어! 그럼 분위기도 살리면서 상품의 장점과 내 능력을 함께 어필할 수 있겠지?'라고 생각합니다. 그렇다면 '내일의 목표'란에 "프레젠테이션에서 모두를 즐겁게 하고 싶다!"라고 쓰는 겁니다.

다른 예를 들겠습니다. 내일 업무가 끝나고 파티가 예정되어 있습니다. 그 파티의 참가자 A씨에게 자신을 좀 어필하고 싶은데, 그러려면 가장 자신 있는 '마케팅'을 화제로 이야기하면 좋을 것 같다고 생각합니다. 이 경우에는 세 줄 일기에 'A씨와 마케팅 관련 대화로 분위기 상승'이라고 쓰면 됩니다.

이처럼 '내일의 목표'는 구체적일수록 좋습니다. '내일 있을 프레젠테이션, 열심히 하자!'라든지, '내일 파티에서 나를 잘 알리자!'라는 식보다는 좀 더 세밀하게 핵심을 압축시켜 '어떤 식으로 열심히 할 것인가', '어떻게 어필할 것인가'가 한 문장 안에 있어야 합니다.

즉 승부의 시점을 클로즈업해서 구체적인 행동을 쓰는 것이 좋습니다. 그러면 목표했던 일들이 분명 좋은 방향으로 전환될 것이고, 그래야 자율신경의 힘이 쉽게 발휘됩니다.

어째서 목표를 구체적으로 쓰면 자율신경에 힘이 실려 보다 수월하게 일이 진행되는 것일까요? 그 주된 요인은 2장에서 얘기한 '의식화(意識化)'에 있습니다. 생각해 보십시오. 프레젠테이션이나 영업에서도 그렇고, 어떤 모임이나 회의에 참석해서도 마음속으로 일의 핵심을 확실하게 의식한 상태로 임한다면, 전혀 준비하지 않은 채 직면했을 때와는 결과적으로 큰 차이가 있지 않겠습니까?

　사업상 누군가와 식사를 함께 할 때 그저 막연히 식사 자리에 앉아 있는 것과 '이 사람과 식사하면서 이것과 저것만은 꼭 확인해야겠다'고 의식한 상태에서 마주하는 것은 이야기를 풀어가는 면에서 큰 차이를 보입니다. 다시 말해 승부를 거는 시점이 어느 정도로 강하게 의식화되어 있는가에 따라 차이가 크게 발생합니다.

　목표가 명확하게 의식화되어 있다면, '자! 이 목표를 달성하려면 어떻게 행동해야 할까?'라며 자연스럽게 머릿속으로 시뮬레이션이 돌아갑니다. '내일은 어떤 옷을 입고, 어디로 가며, 누구와 만날 것이고, 어떤 역할을 담당하고, 상대방에게 어떤 식으로 어필할 것인가'를 구체적으로 상상하게 되겠지요.

　이렇듯 핵심 포인트를 의식화하여 시뮬레이션을 해놓으면, 승부를 내야 하는 결정적 순간에 자신이 그려 놓은 대로 행동하게 됩니다. 시뮬레이션이 수월하게 진행되면 예상대로 하나하나 확인해 가며 일을 추진할 수 있습니다.

　이러한 준비가 있느냐 없느냐에 따라 공연이나 업무의 결과는 천양지차입니다. 이러한 힘이 발휘되는 것은 목표를 분명히 의식하면서 자율신경이 준비를 갖추기 때문입니다. 시뮬레이션이 면밀하게 진행되면 자율신경도 그 시뮬레이션대로 따라갑니다. 다시 말해 내일의 목표를 실현하려고 어디에 힘을 기울여야 할지 의식 속에 분명히 입력되어 있으면, 몸과 마음이 모두 그에 맞춰 행동하므로 목표를 달성하거나 일을 성공시킬 확률이 눈에 띄게 높아집니다.

이미 수많은 스포츠 선수들이 이러한 효과를 최대한 끌어내고자 날마다 시뮬레이션을 통해 마음의 준비를 하고 있습니다. 경기 전날에 다음 날 시합을 어떻게 시뮬레이션 했는지에 따라 결과가 달라진다는 사실을 많은 선수들이 확실히 느끼고 있습니다.

혼다 케이스케는 시합 후 인터뷰에서 소감을 물으면 입버릇처럼 "다음 시합도 제대로 준비해서 임하고 싶습니다."라고 이야기합니다. 혼다뿐 아니라 일본을 대표하는 선수들 모두가 판에 박힌 듯 '준비'의 중요성을 강조합니다. '어느 정도의 철저한 준비가 가능한가'에 따라 결과가 좌우된다는 것을 익히 알고 있기에 자연스럽게 그런 말이 나오는 것이겠지요.

이처럼 '내일의 목표'를 요약하여 승부의 시점을 클로즈업시켜 확실히 준비한 후에 잠자리에 드십시오. 목표를 하나 정해 핵심을 정확하게 요약하는 것도 '내려놓음'의 일종입니다. 힘을 쏟을 곳을 정해 '명확하게' 하면 보다 훌륭한 결과로 이어지기 때문입니다.

세 줄 일기에 있는 이런 '명확성'을 습관화시킨다면 '이거다!' 싶은 승부의 시점에서 시뮬레이션에 따른 행동을 취할 수 있게 됩니다. 일에서도, 인간관계나 스포츠에서도 승부에 강해지는 것이죠. 이것이 익숙해지면 어떤 중요한 순간에서도 당황하지 않고 자신의 힘을 발휘할 수 있게 되겠지요. 이런 명확성이 매일 쌓이면서 승부에 강한 사람이 되는 것 아닐까요?

손글씨로, 정성스럽게

최근 젊은 층 사이에는 '필사 문화'가 소리 없이 퍼져 나가고 있습니다. 《반야심경》이나 《성경》과 같은 고대의 경전을 하나하나 따라 적는 필사 말입니다. 어째서 지금 인기를 끄는 것일까요?

"한 자 한 자 조용히 마주하다 보면 마음이 진정되고 집중력도 높아집니다." 환자 중에도 필사를 하는 분이 있어 이유를 물었더니 이렇게 말하더군요. '글을 쓴다'는 행위에 담긴 효과를 훌륭하게 표현했습니다.

묵묵히 눈앞의 글자에만 집중해서 한 자 한 자 써나가는 그 순간만큼은 정신없이 흘러가는 일상과는 사뭇 다른 결을 가진 시간으로 다가옵니다. 하루 중에 짧더라도 그런 시간을 떼어 놓으면 글을 쓰기 위해 펜을 쥔 것만으로도 기분이 평화로워집니다. 자기만의 세계로 들어가는 나만의 의식(儀式)인 셈이지요. 그야말로 '쓴다'는 행위와 정면으로 마주함으로써 정신이 수양되고, 몸과 마음이 진정됩니다.

'쓰기의 힘'에 대해 좀 더 살펴볼까요? 요즘은 손으로 글을 쓰지 않지요. 사소한 연락이나 편지는 물론이고, 자료 작성이나 스케줄 관리에 이르기까지 뭐든 컴퓨터나 스마트 폰으로 해결하는 시대입니다. 이제 손으로 글을 쓸 기회 자체가 희귀한 일이 되었습니다.

그래서 저는 편지나 연하장 정도는 가능하면 손글씨로 정성스럽게 쓰려고 합니다. 특히 세 줄 일기를 쓸 때는 손글씨가 아니면 안 된다고 강조합니다. 손으로 글씨를 쓰는 행위에는 굉장한 효과가 숨어 있기 때문입니다. 컴퓨터의 워드프로세서는 확실히 빠르고 편리하지만, 워드프로세서에만 의지해서는 손글씨를 쓰는 효과를 누릴 수 없으며, 득보다는 실이 더 많습니다.

예를 들어 색지나 단자쿠(일본에서 칠월칠석날 소원을 빌어 대나무에 매다는 종이 - 옮긴이)에 자신의 목표를 적거나, 에마(신사나 사찰에 소원을 빌어 이것이 이루어진 데에 대한 사례로 봉납하는, 말 그림이 그려진 현판 - 옮긴이)에 자신의 소원을 적을 때, 손글씨와 워드프로세서 중에 어느 쪽을 택하겠습니까?

> 합격 기원
>
> 건강한 아이를 보내주세요!
>
> 올해야말로 요리사 자격증을 딴다!
>
> 커서 축구선수가 되고 싶어요!

당연히 손글씨로 쓰겠지요. 손글씨에는 그 사람의 생각이나 소망하는 힘이 훨씬 더 많이 들어가 있습니다. 이러한 목표나 소원은 손글씨가 아니면 그리 효과를 내지 못합니다.

예부터 절기가 바뀔 때마다 소원하는 바나 목표를 종이에 적었습니다. 새해 인사나 연하장은 물론이고 칠월칠석의 단자쿠, 초등학교 졸업문집이 그러한데, 새로운 절기를 맞을 때마다 자신만의 소원이나 기분을 글로 써왔던 것이죠. 말하자면 자신의 꿈이나 목표를 종이에 정성스럽게 써서 마치 '내용증명'을 보내는 것처럼 남기는 것입니다.

이런 식으로 꿈이나 목표, 혹은 소원을 종이에 쓰게 되면, 실제로 그 일이 실현될 가능성이 훨씬 높아집니다. 자기가 손으로 직접 쓴 글씨는 의식 속에 강한 자취를 남깁니다. 그렇게 되면 '이 목표를 꼭 이루고 말겠어!'라는 동기가 부여되어 일상에서도 그것을 가능하게 하는 여러 행동으로 이어집니다.

요컨대 종이에 글로 쓰면 자신이 지향하는 방향이 분명해지고, 머릿속으로 생각하는 것이나 바라는 바가 현실에서도 차례차례 구현됩니다.

앞에서도 여러 번 예로 들었지만, 혼다 케이스케가 '장래의 꿈'을 적으면서 "나는 해외로 스카우트되어 유럽 세리에 A(Serie A : 이탈리아의 프로축구 1부 리그. 영국의 프리미어리그, 스페인의 프리메라리가와 함께 세계 3대 프로축구 리그 중 하나로 꼽힌다. – 옮긴이)에 입단할 것이다. 그래서 정규 선수로 '10번'을 등에 달고 활약할 것이다."라고 쓴 사실은 유명한 이야기입니다. 그는 현재 AC밀란에서 활약하고 있습니다. 야구의 이치로, 골프의 이시카와 료도 마찬가지입니다. 이들 역시 장래에 프로선수로 활약하겠다는 꿈을 문집에 썼습니다.

이처럼 최상급의 스포츠 선수들은 '글에는 꿈이나 목표에 가까워지도록 하는 힘이 있다'는 사실을 일찍부터 경험을 통해 알았기에 이를 적극 활용한 것일지도 모릅니다.

머릿속으로 생각하고 그치는 것만으로는 아무것도 바꿀 수 없습니다. 하지만 손으로 쓰면서 '글이라는 형태'로 변환해 보면 많은 것들이 명확해집니다. '나는 이런 삶을 살고 싶다', '나는 그렇게 되고 싶다' 등의 애매한 감정들은 머릿속에만 얌전히 숨어 있다가 글로 정돈되면서 점차 구체적인 몸을 입습니다.

내면에 감춰둔 나만의 꿈, 목표, 가치관과 소망을 대면하는 일을 두려워하거나 피하지 마십시오. 매일같이 세 줄 일기를 써나간다면 머릿속에만 있던 여러 목표나 소원들도 곧 실현되기 시작할 것입니다.

흐트러진 글씨는
흐트러진 자율신경

"글은 곧 인격이다!"라는 유명한 말이 있습니다. 이 말은 '문장에는 그것을 쓴 사람의 됨됨이가 보인다'는 뜻입니다. 써 놓은 글자 하나하나에는 글쓴이의 개성이나 성향이 반영되어 있다는 의미이기도 합니다. 세심하고 꼼꼼한 사람은 작은 글씨를 촘촘히 이어 쓰고, 느긋하며 사소한 일에 크게 신경 쓰지 않는 사람은 글씨가 시원시원합니다.

뿐만 아니라 문자에는 그때그때의 감정이나 심리 상태도 여지없이 반영됩니다. 바빠서 마음에 여유가 없을 때는 글씨에도 여유가 없고, 자포자기하는 마음이 되면 글씨에도 절망이 섞입니다. 긴장이 되면, 글씨에서도 그런 감정이 묻어납니다.

십 년 이상 세 줄 일기를 써왔는데, 과거에 쓴 일기장을 넘기다가 글씨가 흐트러져 있는 것을 보면, '아! 이때는 학회 때문에 바빴고, 상당히 피곤했었지.', '이걸 쓸 때 감기에 걸려 고생 깨나 했었는데…….' 등으로 그때의 상태가 떠오릅니다.

  몸이 아프거나 마음이 혼란스러울 때는 써 놓은 글씨도 흐트러져 버리는 것이죠. 이렇게 글씨가 흐트러진 상태는 바로 '자율신경의 상태'도 흐트러져 있다는 걸 나타냅니다.

바쁠 때야말로
천천히 정성을 다해 쓴다

손으로 글씨를 쓸 때는 천천히, 정성스럽게 쓰는 것이 중요합니다. 글씨가 흐트러져 있다는 것은 몸과 마음에 여유가 없고, 자율신경 역시 흐트러진 상태라는 증거입니다. 반대로, 정성을 다한 글씨는 자율신경과 심신이 역시 높은 에너지 상태에서 안정되어 있음을 보여 줍니다.

  세 줄 일기는 글씨를 잘 쓰고 못쓰고와는 큰 상관이 없습니다. 오히려 천천히 정성스레 썼는지가 중요합니다. 어떻게 쓰나 시간에는 별 차이가 없습니다. 기껏해야 몇 초 정도겠지요. 그러나 자율신경이 흐트러져 있고 심신에 여유가 없을 때에는 무의식적으로 마음이 조급해져 글씨도 갈겨쓰게 됩니다.

  그러므로 바쁠 때나 여유가 없을 때일수록 천천히 정성을 들여 써야만 합니다. 일부러 천천히, 정성스럽게 써야만 비로소 '쓴다'라는 행위는 하나의 리추얼이 되어 심신을 평안하게 하고 자율신경을 안정시킵니다.

30대에 영국의 한 병원에서 일한 적이 있는데, 그곳에서 마크 스트링거라는 상당히 유능한 의사를 만났습니다. 외과 의사가 바쁜 것은 전 세계 어디나 마찬가지입니다. 특히 실력 좋은 외과의라면, 여기저기 부르는 데가 많아 살인적인 스케줄을 소화해야만 합니다. 마크도 그런 격무가 일상이 된 사람이었습니다.

그런데 이 친구는 아무리 바쁘고 정신없는 순간에도 언제나 온화하고 침착했으며, 누가 언제 말을 걸더라도 늘 상냥하고 여유가 있었습니다. 당시에 제가 마크였더라면 너무도 바쁜 나머지 눈빛마저 달라져 웬만하면 나한테 말 걸지 말라는 식으로 분위기를 조성했을 것 같습니다. 도대체 마크는 어떻게 그렇게 항상 침착할 수 있는지 의아할 정도였죠.

그러던 어느 날, 저는 그가 써 놓은 차트를 보고 모든 것을 납득할 수 있었습니다. 그의 차트에는 한 자 한 자, 천천히 정성스럽게 쓴 알파벳들이 가지런히 정렬되어 있었기 때문입니다. 의사들이 쓴 차트를 보면 읽으라는 것인지 말라는 것인지 모를 정도로 정신없이 휘갈겨 쓴 경우가 대부분인데, 그의 차트는 완전히 달랐습니다.

그걸 보면서 이게 바로 마크가 언제나 온화할 수 있었던 비결임을 알았습니다. 그때부터 바쁠 때일수록 천천히 정성을 다해 글자를 쓰려고 늘 신경을 썼습니다. 바로 그런 깨달음과 고민 그리고 노하우가 세 줄 일기에 모두 녹아 있습니다.

손으로 일기를 쓰면서 그 글씨가 나의 '분신'과도 같다고 생각하고 언제나 한 자 한 자 천천히 정성스레 마음을 담아 쓰기 위해 노력합니다. 마치 자신이 소중히 여기는 경전이나 작품을 한 글자, 한 글자 필사하는 것처럼 말입니다.

이러한 글쓰기를 습관으로 들이면, 제아무리 바쁜 나날을 보낼지라도 일기를 쓰려고 펜을 쥐는 그 순간, 호흡이 안정됨과 동시에 심신이 빠르게 진정되고 자율신경은 균형을 찾아갈 것입니다. 천천히 정성스럽게 마음을 담은 글에는 어떤 '힘'이 내재되어 있기 때문입니다.

최근에는 손으로 글씨를 쓸 기회가 부쩍 줄어들고 있습니다. 많은 사람들이 이러한 놀라운 힘을 모른 채 허둥지둥, 대충대충 살아가는 것을 보면 참 안타깝습니다. 이 일에 한번 도전해 보지 않겠습니까?

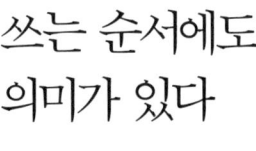

쓰는 순서에도 의미가 있다

세 줄 일기는 '쓰는 순서'도 중요합니다.

맨 처음에 쓰는 것이 나빴던 일이나 언짢았던 일, 컨디션을 망치게 한 일인데, 이것부터 쓰는 이유가 있습니다. 이런 일들은 냉정하게 대하지 않으면 해결되지도 않은 상태에서 기분만 상하게 할 수도 있기 때문입니다. 하지만 실패한 일에 대해 쓰고 한바탕 반성을 하고 나면 기분이 전환됩니다. 불쾌한 감정을 적나라하게 토로하고 난 뒤 문제가 무엇이며 그 원인은 무엇인지에 대해 냉철하게 생각하는 과정에서 이성적인 평정을 찾고 감정적인 여유도 생기는 것이지요.

바로 그 상태에서 두 번째 '좋았던 일'이나 '감동받았던 일'을 쓰는 겁니다. 이미 한 차례 감정 정리가 된 상태이기 때문에 좋았던 감정이 증폭되어 다가올 수 있습니다.

그리고 나서 마지막으로 내일의 목표나 관심사에 집중하는 겁니다.

이처럼 '싫은 것 → 좋은 것 → 목표'라는 흐름으로 써 나가면 내일에 대한 확실한 동기부여가 됩니다. 뿐만 아니라 이런 순서로 하루에 일어난 일을 정리하다 보면 저절로 자신의 컨디션이나 현재 상태를 돌아볼 수 있습니다. 힘들었던 경험 뒤에 기뻤던 경험을 쓰면, 컨디션이 나빴던 원인과 좋았던 원인을 탐색하게 되고, 자신이 언제 실패하고, 언제 능력 발휘가 되는지가 의식 속에 명확히 입력됩니다. 그런 후에 내일의 목표를 쓰면, 그날에 경험했던 '나빴던 일'이나 '좋았던 일'을 내일의 행동에 반영하기가 쉬워집니다.

단지 세 줄만으로 그날의 컨디션을 총체적으로 파악한 후 자신의 변화나 느낌을 다음 날에도 활용할 수 있는 것이죠. 이러한 방법으로 회복 샷을 조금씩 날려 자신의 궤도를 서서히 수정해 가야 합니다.

특별히 충만한 의욕으로 뭔가 엄청난 것을 이루어 보겠다는 부담감으로 쓰지 않아도 됩니다. 하루에 단 세 줄 만으로 '소소한 회복 샷'을 계속 날리다 보면, 몸과 마음이 알아서 조금씩 균형점을 찾아갑니다. 크게 신경 쓰는 일 없이 스스로를 조금씩 좋은 쪽으로 전환시킬 수 있습니다.

 이 세 줄 일기를 매일같이 계속 써 나가다 보면 '나쁜 고리'를 끊어 내고 '좋은 고리'를 만들 수 있습니다. 하루 이틀 만에 눈에 띄는 변화를 얻으려 하지 말고 그저 담담하게 적어내려 가십시오.

 세 줄 일기야말로 자율신경의 힘을 최대한 끌어낼 수 있는 최적의 기술입니다. 날마다 꾸준하게 '회복 샷'을 날리는 것으로 자율신경의 균형을 이루고, 그 리듬감을 타기 바랍니다.

5장

하루 10분, 2주의 기적 :
내가 변한다,
인생이 바뀐다

●

요즘 직장인들에게 필요한 것은
'액셀을 밟는 기술'이 아니라 '브레이크를 거는 기술'입니다.
모든 사람들이 일상적으로 교감신경만
자극하고 있기 때문에 이제 더 이상은
액셀을 밟지 않아도 크게 문제가 없습니다.
'앞으로 나아가자', '위로 올라가자'며
마음 졸이지 말고, 오히려 주변으로
시선을 돌리고, 속도를 줄이고
느긋하게 사는 기술을 익혀야 합니다.
다시 말해, '브레이크를 거는 기술',
즉 부교감신경을 높이는 기술을 연마함으로써
여러분이 그토록 찾고 싶었던 경쟁력을 높일 수 있습니다.

변화가 나타나려면 얼마나 써야 하나?

강연할 때마다 세 줄 일기에 대해 자주 이야기하고 많은 분들에게 이 방법을 널리 알리고 있습니다. 어느 정도 이야기가 정리될 즈음에는 "그렇다면 세 줄 일기는 어느 정도 쓰면 효과가 나타납니까?"라는 질문을 많이 받습니다.

중요한 질문입니다. 어느 정도 해야 효과가 나타나는지를 알아야 내가 어디쯤 와 있고 어떻게 장애물을 뛰어넘을지에 대해서도 감이 잡히기 때문입니다. 결론부터 말하자면, 빠르면 1~2주 안에 효과가 나타난다고 답합니다.

예를 들어 몸의 컨디션이 좋아진다거나, 업무 중에 짜증 내는 일이 줄어든다든지, 어떤 일에도 차분하게 대응할 수 있게 되었다거나, 주변의 여러 가지 일들이 잘 풀려가고 있다거나 하는 일들이 눈에 띄게 늘어납니다. 세 줄 일기를 쓰기 시작한 뒤에 1~2주 정도가 지나고 나서 이러한 변화들이 감지된다면, 효과가 나타나는 증거입니다.

처음에는 실감이 안 날 수도 있습니다. 오히려 이러한 변화는 가족이나 친구, 동료들처럼 주변 사람들이 더 빨리 알아차립니다. 주변에서 '요즘 컨디션 좋아 보이는데?', '뭔가 달라진 것 같아.'라는 이야기를 듣고 나서야 세 줄 일기의 효과를 실감하는 경우도 있겠지요.

이러한 변화가 나타나면, 이전에 일기에 썼던 문장들이 낮에도 불현듯 떠오릅니다. 예를 들어 '프레젠테이션에서 끊임없이 웃는 얼굴로!'라고 써 놓았던 말이 프레젠테이션을 준비하면서 긴장되는 타이밍에 갑자기 떠오른다든지, '잘난 척하다가 언젠가는 허점을 들키는 법!'이라고 써 놓았던 말이 술자리에서 상사와 대화에 열중하던 차에 갑자기 뇌리를 스치는 일들이 빈번해집니다.

이런 식으로, 세 줄 일기에 써 놓은 말이 오랜 시간이 지났는데도 생각난다면 이미 세 줄 일기를 십분 활용하는 중입니다. 세 줄 일기에 쓴 문장이 떠오른다는 것은 그 정도로 강하게 '의식화'되어 있다는 의미이기 때문입니다.

말하자면 자율신경이 '일기의 페이스(pace)'에 맞춰지고 있다는 것이죠. 이처럼 세 줄 일기 페이스대로 가게 된다면, 일상의 여러 가지 일들이 순조롭게 진행되기 시작합니다. 또한 스스로 심신을 조절하면서 자율신경의 힘을 발휘하는 것이죠.

중요한 노하우 하나는 과거의 세 줄 일기를 정기적으로 검토하라는 것입니다. 물론 몇 번씩 일기를 확인하라는 의미는 아닙니다. 저녁에 써 놓은 것을 다음 날 아침에 검토하는 사람도 있지만, 그럴 필요까진 없습니다. 세 줄 일기의 문장은 쓴 시점부터 의식 속에 강하게 입력되므로, 그 점은 세 줄 일기의 힘을 믿길 바랍니다.

일주일이나 한 달 간격으로 해도 좋고, 스스로 기한을 정해 자신이 어떤 것들을 써 놓았는지 전체를 다시 읽어 보고 모두 열람하는 기회를 갖는 것입니다.

하루라는 짧은 시간에 일어난 일들을 자신의 시각으로 쓰다 보면 이 문제가 다음 날에는 어떻게 되었는지, 시간이 지나 내 심경이나 행동에는 어떤 변화가 있었는지, 알기 어렵습니다. 이러한 변화나 흐름에 주목하면서, 한 페이지씩 넘겨가며 검토해 보면 좋습니다.

반년이나 1년 정도의 기간에 걸쳐 기록한 세 줄 일기를 잘 들여다보면 결국 비슷한 일들이 반복되는 것이 드러납니다. "나는 대체로 이럴 때 고민하는 타입이구나!", "내 취향은 이런 거였어!" 등 자신의 경향을 파악하게 되는 것이죠.

또한 회사에 대한 불만만 한가득 적어 놓거나, 마음에 둔 이성에 관한 것들만 써 놓은 시기도 보입니다. 나중에 시간을 두고 생각해 보면 "그래! 이때는 이렇게 별것 아닌 일로 심란했었네. 이때에 비하면 조금은 성장한 건가." 하는 식으로 자신을 대견하게 생각할 날도 옵니다.

일의 진행 상태나 자신의 변화에 주목하면서 장기적으로 세 줄 일기를 검토하다 보면, 자신의 일이나 인생 전반에 걸친 중요한 흐름들이 보입니다. 자신이 도대체 어디로 향하고 있는지, 그런 중요한 흐름 속에서 현재의 나는 어디쯤 있는지를 자각하는 것이죠.

일주일 간격으로 일기를 검토하면서 연말연시나 자신의 생일 등 특별한 때마다 다시 읽는 것도 좋습니다. 써 놓은 일기를 다시 읽으며 스스로가 선택한 길을 재차 확인한다면, 자율신경은 그 방향으로 나아가기 위해 발군의 추진력을 발휘할 것입니다.

이와 같은 힘을 발휘할 수 있도록 하루하루를 리셋하여 자율신경이 최상의 상태가 되도록 합시다.

세 줄 일기로
그날그날의 컨디션을 체크한다

"요즘 들어 하반신 근력이 좀 약해진 것 같아."

"이상하게 가슴 부근이 좀 뻐근한데……."

몸과 마음의 이상이 아무 예고 없이 갑자기 오는 경우는 거의 없습니다. 분명히 어떤 경고를 먼저 보냅니다. 하지만 귀찮아서, 괜찮을 것 같아서 사람들은 이를 직시하지 않고 차일피일 해결을 미룹니다.

인간은 컨디션 난조나 불안감을 초래하는 근본 원인을 직면하지 않으려는 경향이 있습니다. 컨디션이 안 좋거나 불안감을 느낄 때에도, 그냥 좀 쉬면 낫겠지 생각합니다. 무의식적으로 감지되는 컨디션 난조나 작은 불안감이 있다 해도 이를 무시하는 이유가 여기에 있습니다.

하지만 세 줄 일기를 사용하면 그날그날의 컨디션을 별 부담 없이 체크할 수 있습니다. 매일매일 자율신경에 주의를 기울이며 심신과 마주한다면 사소한 컨디션 변화도 놓치지 않고, 자칫 간과하기 쉬운 컨디션 난조나 작은 불안감도 잡을 수 있습니다.

게다가 세 줄 일기는 한 번 훑어보기에도 적합합니다. '그 증세가 언제부터 있었는지', '어떤 경과를 보였는지' 등에 대해서도 일기장의 페이지를 넘기며 검토하다 보면 즉시 파악할 수 있습니다.

건강관리 도구로서 일기의 효과를 한층 더 높이려면 자신만의 룰을 정하면 됩니다. 예를 들면 '원인 모를 컨디션 난조가 한 달 이상 지속되면 정기검진을 받자.', '신경 쓰이는 증세가 5일 이상 계속되면 일주일 이내로 병원에 가자.' 같은 식으로 룰을 정하여 스스로 진찰을 받는 것이죠.

물론 병원에 갔는데 아무 이상이 없을 수도 있습니다. 그렇지만 '이즈음에는 병원에 간다'는 행동을 하도록 시스템을 만드는 것이 더 중요합니다. 이렇게 룰을 정해 놓으면 바쁘다는 이유로 컨디션 난조나 불안감을 무시하는 일도 줄어듭니다.

처음에는 불안감이나 컨디션 저하가 대수롭지 않더라도 이를 방치하면 걷잡을 수 없이 커집니다. 폐해를 눈치 챌 무렵에는 이미 잎이 무성해져 손대기 힘든 경우가 많습니다. 그러므로 씨앗 단계에서 '불안'

을 '안심'으로 전환시켜 놓아야 합니다. 세 줄 일기를 건강관리에 잘 활용한다면, 그날그날의 작은 불안을 안심으로 바꾸어 보다 확실하게 몸을 지킬 수 있습니다.

최근에 '핀핀 코로리'(최근 일본에서 주목받고 있는 생사관으로, 건강이 넘친다는 뜻의 '핀핀'과 갑자기 죽는다는 뜻의 '코로리'의 합성어. 병치레 없이 건강하게 살다가 어느 날 갑자기 죽는 것이 가장 큰 행복이라는 뜻이다. 우리나라에서도 비슷한 의미로 '구구(九九)팔팔 이삼사(二三死)'라는 말이 유행했는데, 구십구 세까지 팔팔하게 건강히 살다가 이삼일 정도 짧게 앓고 임종을 맞는 것이 복이라는 의미이다. - 옮긴이)라는 말을 자주 듣습니다.

이는 건강하게 무병장수하다가 어느 날 갑자기 죽는 죽음을 뜻합니다. 이런 죽음을 맞이하고 싶은 이들이 늘고 있습니다. 지금 이러한 '핀핀 코로리'가 많은 사람들에게 주목받는 이유는 "나이 들어 치매에 걸리거나 중병으로 고통받고 싶지 않다.", "간병을 받느라 가족이나 주변 사람들에게 폐가 되고 싶지 않다."는 마음이 반영된 것이겠지요. 이러한 무병장수의 삶을 누리기 위해서도 자율신경의 균형이 중요하며, 세 줄 일기 쓰는 습관은 큰 도움이 됩니다.

앞서 말했듯이 부교감신경의 활동은 남성은 30세, 여성은 40세를 고점으로 급격하게 떨어지기 시작해서 나이가 들면서 더욱 저하됩니다. 즉 나이가 들수록 자율신경의 균형은 쉽게 무너질 수 있어서 질병이나 컨디션 난조 등의 문제가 발생할 위험이 커집니다.

하지만 날마다 세 줄 일기를 써 나간다면 균형을 유지하며 나이를 먹는 것이 가능합니다. 몇 년에 걸쳐 계속 쓴다면, 질병이나 컨디션 난조로 인한 위험 부담을 상당 부분 감소시킬 수 있습니다. 매일 일기를 쓰면서 자율신경의 균형을 맞춘다면, 혈액순환이 좋아지고 면역력이 증가합니다. 설령, 나이가 들어 자율신경이 쇠퇴한다고 해도 건강한 상태를 유지할 수 있습니다. 암이나 당뇨, 고혈압, 뇌졸중이나 심장병 같은 가볍지 않은 질환에도, 평소 하루를 끝내며 회복 샷을 매일 날려 주는 삶과 그렇지 않았던 삶 사이에는 질병의 저항력에 큰 차이를 보입니다.

물론 세 줄 일기는 만병통치약이 아닙니다. 몇십 년을 사는데 아무 일 없는 것이 더 이상하겠죠. 하지만 일기를 쓰면서 매일 컨디션을 살피고 그때그때 회복시키면서 살아간다면, 큰 병으로 발전할 가능성은 줄어듭니다. 컨디션 변화에 따라 대응 역시 빨라지므로, 그럴 가능성을 최소화할 수 있기 때문입니다. 많은 사람들이 늙어서 치매에 걸리면 어떡하나 불안해하는데, 이러한 위험부담 역시 상당히 감소시킬 수 있습니다.

하루에 일어났던 일을 돌이켜보고 글로 쓰는 행위는 예전부터 머리를 많이 사용하는 작업이었습니다. "하루의 기억을 더듬어 그것을 반추하고 어떻게 글로 정돈할까를 깊이 생각한 뒤 그것을 글로 써 놓으면, 글로 남겨진 문장이 시각을 통해 들어와 마음속에 각인된다."

이러한 일련의 행동 과정에는 뇌의 기억중추인 해마나 뇌의 사령탑인 전두엽이 많이 사용됩니다. 해마와 전두엽 모두 치매를 예방하기 위해 평소에도 자주 사용해야 하는 중요 부위입니다. 이곳에 매일 적당한 자극을 준다면 치매 걱정은 하지 않아도 됩니다.

다시 말해 세 줄 일기 습관은 신체뿐만 아니라 뇌 건강을 지켜 주는 데도 큰 도움이 됩니다. 꾸준히 써 나간다면 고령이 되어서도 뇌와 신체가 모두 건강한 상태로 살아갈 수 있습니다. 지금부터 몇 년, 몇 십 년에 걸쳐 오래도록 써나간다면, 그 일기는 무엇과도 바꿀 수 없는 자산이 될 것입니다. 이 좋은 습관을 죽을 때까지 간직하길 바랍니다.

이미 10년 이상 일기를 써 오고 있고, 죽기 전까지 계속 쓸 생각이지만 언젠가는 세 줄 일기도 중단되는 날이 오겠지요. 일기를 쓸 때는 마치 나의 분신을 남기는 것 같은 심정이 됩니다. 그때까지 건강하게 살다가 부름을 받게 된다면 더 이상 바랄 게 없겠습니다. 지금까지 건강하게 살 수 있었던 것도 매일 세 줄 일기를 쓴 덕분이라는 생각이 듭니다.

하루 10분,
인생의 핵심에 도달하는 연습

영국 유학 시절, 영국 의사들이 차트를 쓰는 탁월한 방식을 배워 지금까지 잘 활용하고 있습니다. 바로 '일곱 줄(7-Lines) 정리법'입니다. 그들은 환자 한 명의 증상에 대해 일곱 가지 핵심 사항을 조목별로 적어 거기에 번호를 매깁니다.

저도 그 병원에서 일한 지 얼마 되지 않았을 때 "반드시 일곱 줄로 정리하라!"는 이야기를 듣고 실제로 해보았는데 쉬운 일은 아니었습니다. 일곱 줄로 정리하려면 환자의 증상 중에서 핵심을 정확히 짚어내야 하기 때문입니다. 하지만 얼마 안 있어, '일곱 줄 정리'가 얼마나 합리적인 방법인지 알게 되었습니다. 일곱 가지를 쓰면 그 환자의 전체 상황이 다 파악되었습니다. 환자의 증상을 일곱 가지로 짧게 정리하는 사이에 자연스럽게 핵심을 포착할 수 있게 되는 것이죠. 한마디로 전체와 핵심을 모두 손에 넣을 수 있습니다. 이후 차트를 작성할 때에는 일곱 줄로 정리해서 기입하는 습관이 있습니다.

자고로 의사라면 전체와 디테일 모두를 장악해야 합니다. 의사의 실력은 이 양쪽을 어느 정도로 확실히 파악하고 있는가의 여부로 판단해도 과언이 아닙니다.

세 줄 일기를 쓰다 보면, 일곱 줄 정리와 동일한 효과가 나타납니다. 하루를 돌아보면, 때로는 이것저것 쓰고 싶은 사건들이 많은 날도 분명 있습니다. 하지만 세 줄 일기는 한 줄씩 오직 세 가지만 쓸 수 있도록 되어 있습니다. 쓰고 싶은 것이 아무리 많아도 가장 쓸 만한 일을 세 가지로 압축해야 합니다.

이렇게 하는 이유는 무엇일까요? 하루에 일어난 일들을 '한 줄씩, 세 가지 주제'로 정리하면, 그날의 전체 이미지가 보이고, 자신에게 무엇이 가장 중요한 일이었는지도 보이기 때문입니다. 이것이 익숙해지면 하루하루의 흐름 속에서 '그 일이 나에게 어떤 의미였는가'도 보입니다. 커다란 흐름 속에서 나라는 인간의 핵심은 무엇인가라는 부분도 아울러 알게 됩니다.

그런데 세 줄 일기를 쓸 때, 쓰고 싶은 수많은 일들 중에 무엇을 고를까를 쉽게 정하지 못하는 경우가 생깁니다. 머릿속에 스쳐 가는 수많은 사건들 중에 '최고의 포인트'를 골라내는 작업은 생각보다 어렵습니다. 저 역시 '이거다' 싶은 한 줄이 정해질 때까지 시간이 좀 걸립니다. 하지만 무엇을 쓸지 정해지면 그 후에는 천천히 정성스럽게 써 내려가기만 하면 되므로 그때부터는 단숨에 끝낼 수 있습니다.

다시 말해 무엇을 쓸지 고르기 전까지 여러 생각을 하는 시간을 거치는데, 이때가 바로 일기 쓰기에서 승부를 걸어야 하는 지점입니다. 익숙해지기 전까지는 이러한 점 때문에 힘이 들 수도 있습니다. 그러나 이 부분만큼은 타협하지 말고 얼마 동안은 생각을 정리하는 데 시간을 투자하기 바랍니다.

그냥 생각나는 대로 전부 쓰면 될 일을 가지고 왜 고민하느냐는 사람들도 있겠지만, 그것은 틀린 생각입니다. 이런 식으로 생각을 하나로 모으는 것이 일의 핵심을 파악하는 훈련이기 때문입니다. 그리고 이런 능력을 갖추면 자율신경의 힘을 효과적으로 발휘할 수 있습니다.

세 줄 일기로 일의 핵심을 파악하는 훈련을 계속하면, 자기가 현재 어떤 기분인가를 파악하는 데도 많은 도움이 됩니다. 의외로 자신의 진짜 마음 상태 스스로 파악하기 힘들 때가 많습니다. '왠지 신경 쓰이는 일', '뭔가 스트레스 받는 일', '이유 없이 싫은 것', '뭔가 기대하고 있는 것' 등 사람들은 내면에 수많은 '애매한 기분'을 품고 있습니다.

수많은 사람들이 이러한 애매모호함을 그대로 둔 채 일상을 보냅니다. 다시 말해 그것이 자신의 본심인지 아닌지도 모르는 애매하고 모호한 상태로 지내기 때문에 진짜 기분을 알지 못합니다. 사람들에게 "어디로 갈까?", "어떻게 하지?"라는 식으로 판단을 재촉하면 자신의 기분을 감추거나 망설이기 십상입니다. 그러나 세 줄 일기를 쓴다면 매일 자신의 내면에 존재하는 애매한 기분을 직시하게 되므로 이러한 망설임이 조금씩 사라지게 됩니다. 미주알고주알 긴 문장으로 쓰는 평범한 일기로는 이러한 효과를 얻을 수 없습니다. 이것저것 장황하게 이어 붙이다 보면 오히려 그 망설임이 더해지는 경우도 적지 않기 때문입니다.

그렇기 때문에 시간을 투자해 '그날 일기에 쓸 만한 일'을 곰곰이 생각해서 선별하는 일은 의미가 큽니다. 수많은 것들 중에서 나의 진짜 속내를 골라내는 선택 작업을 매일 반복하다 보면 조금씩 자신의 핵심에 다다르게 됩니다. 자신에게 무엇이 필요하고 필요치 않은가를 엄격히 분별하는 작업을 통해 불필요한 부분을 도려내기 바랍니다.

지금 우리에게 더 필요한 것은 '브레이크'를 거는 기술

"한시라도 빨리 성공해서, 시간에 쫓기는 이런 생활에서 벗어나고 싶다."

열심히 사는 사람들 중에는 이런 생각을 하는 사람이 의외로 많습니다. 하지만 그런 사고방식으로는 아무리 애를 쓰더라도 '쫓기는 삶'에서 벗어날 수 없습니다.

아침 시간이나 출퇴근 시간을 활용하여 자격증을 취득하고, 다이어리를 사용하고, 스펙을 쌓는 데 애쓰는 이유는 그렇게 하면 우리 삶이 한 단계 더 나아지리라 생각하기 때문입니다. 보다 높고 멀리 봐야 할 지점에 도달하려면 좀 더 열심히 하는 수밖에는 없다고 생각하는 것이지요.

하지만 지금도 많은 사람들이 액셀만 계속 밟고 있지 않습니까? 평소에도 교감신경이 우위에 있는데 '액셀 가속 기술'에만 관심을 갖고 있어서 갈수록 교감신경만 더 강화되어 가는 것 같습니다. 교감신경의 악순환에 사로잡히는 것이지요. 그렇게 되면 점점 더 쫓기는 기분만 들 뿐입니다.

요즘 직장인들에게 필요한 것은 '액셀을 밟는 기술'이 아니라 오히려 '브레이크를 거는 기술'입니다. 모든 사람들이 일상적으로 교감신경만 자극하고 있기 때문에 이제 액셀을 밟지 않아도 큰 문제는 없습니다. '앞으로 나아가자', '위로 올라가자'며 마음 졸이지 말고, 주변으로 시선을 돌리고 속도를 줄여 느긋하게 가는 기술을 익혀야 합니다.

'브레이크를 거는 기술', 즉 부교감신경을 높이는 기술을 연마함으로써 그토록 찾고 싶었던 경쟁력을 높일 수 있습니다. 세 줄 일기로 자신을 매일 돌아본다면 부교감신경이 상승하여 심신에 여유가 생깁니다. 그러면 평소에도 자기를 통제할 수 있게 되어 시간에 쫓기거나 누군가로부터 도망치는 것 같은 기분에서 벗어날 수 있습니다. 여유가 있으면 마냥 바쁘기만 하던 때보다 주변을 더 잘 볼 수 있게 되어 일 처리가 수월해집니다.

느긋하게 스피드를 줄이는 요령을 터득하기 바랍니다. 자동차는 액셀과 브레이크가 모두 제대로 기능해야만 주행할 수 있습니다. 조금이라도 빨리 앞서고 싶은 기분은 이해하지만, 자신의 주변을 잘 살피며 액셀과 브레이크를 모두 사용하여 '여유 있게 바쁜' 것이 중요하지 않을까요. 그렇게 한다면 더 멀리 갈 수도 있고, 자신이 원하는 곳으로도 갈 수 있습니다.

하루 한 번, '흐름'을 멈추고 오롯이 나를 들여다보는 시간

자율신경은 자기 의지와는 상관없이 움직이는 것이라고 생각합니다. 상식적으로 자율신경은 호흡이나 심장 박동 수, 혈액순환, 체온 등 무의식적인(의식이 개입되지 않는) 자동조정 기능을 담당하고 있기 때문에, 자기 의지대로 조절하는 것이 아니라는 것이죠.

그런데 이는 틀린 생각입니다. 조절이 불가능한 것이 아니라 조절하려고 생각하지 않는 것뿐입니다. 조절해서 원하는 대로 되게 하겠다고 의식하면 자율신경을 충분히 조절할 수 있습니다. 자율신경을 내 편으로 삼을 수만 있다면, 우리는 자신의 인생 또한 어느 정도 통제할 수 있습니다.

자율신경을 조절한다는 의미는 자기 삶의 방향성을 통제한다는 말과 일맥상통합니다. 방향성을 조절할 수 있다면, 어떠한 시련과 역경이 있더라도 주저하지 않고 목표한 길로 갈 수 있습니다. '이렇게 되고 싶다', '저곳을 목표로 하고 싶다'는 꿈이나 목표가 있다면 한 걸음씩 착실하게 다가설 수 있는 것이죠. 원하는 바를 뚜렷하게 의식할수록 자율신경의 힘이 발휘되어 목표를 향해 더욱 매진할 수 있습니다.

'의식한다'는 행위에는 실로 굉장한 힘이 있습니다. 평소 무의식적으로 행하던 일상의 사소한 행동들도 의식하고 행동한다면 결과는 크게 달라집니다. 앞에서 살펴봤듯이 무의식적으로 숨을 쉬던 일조차도 의식적으로 깊게 호흡해 준다면 순식간에 온몸 구석구석으로 혈액이 돌게 됩니다. 걸을 때에도 무의식일 때는 맥없이 걷지만, 손발이나 관절의 움직임을 제대로 의식하고 걸으면 운동 효과를 대폭 향상시킬 수 있습니다.

인간의 모든 행동은 '의식한다'는 수단이 더해지는 것만으로도, 그 수준에 현격한 차이를 낳습니다. 명확하게 의식하려고만 한다면, 자신의 의지대로 자율신경을 조절할 수 있습니다. 뿐만 아니라 매일 정확한 방식대로 의식화를 지속할 수 있다면 자율신경의 힘을 나에게 유익한 쪽으로 조절하여 일상생활이나 행동에 발군의 능력을 발휘할 수도 있습니다.

자율신경에 이처럼 놀라운 힘이 잠재되어 있기에 자율신경을 내 편으로 하는 것과 적으로 돌리는 것은 실로 엄청난 차이가 있습니다.

만약 균형이 무너져 자율신경이 나의 적이 된다면 정말 큰일입니다. 건강은 물론, 일의 성과 또한 형편없을 것입니다. 그러나 균형을 맞춰 내 편이 되게 한다면, 심신을 강화시키는 데 더할 나위 없는 우군이 되어 나를 돕습니다. 이 믿음직스런 아군은 건강 수준을 끌어올리고 일의 성과를 향상시킵니다.

도대체 그 차이는 어디서 생기는 것일까요? 단순히 운이 있고 없고의 문제일까요? 개인의 재능이나 처세의 문제일까요? 아니면 저마다의 성격 때문일까요? 물론 이러한 요인들도 어느 정도는 관계가 있지만 제 생각은 좀 다릅니다.

하루의 '흐름'을 멈출 수 있느냐 없느냐가 그 차이를 결정합니다. 매일을 주어진 일 처리에 급급하여 흘려보내기만 해서는 아무것도 조절할 수 없습니다. 그러나 하루의 마무리 차원에서 흐름을 딱 멈추고 그날의 변화상을 쓰는 습관을 갖는다면 자신이 원하는 방향으로 그 흐름을 조절할 수 있습니다. 세 줄 일기는 그날의 자신을 되돌아보고, 자신이 원하던 방향으로 가고 있는지 확인하는 작업인 셈입니다.

짧은 순간의 멈춤으로 인해 왜 그렇게 엄청난 차이가 생기는 것일까요? 바로 자율신경을 내 편으로 조절하는 것이 가능해지기 때문입니다. 우리가 하루 마무리를 하며 세 줄 일기를 쓰는 단순한 습관으로 이런 효과를 얻을 수만 있다면 당장 실천해 봐야 하지 않겠습니까?

지금까지 '흐름을 멈춘다'는 표현을 반복해서 사용했는데, 이는 단순히 비유적인 표현이 아닙니다. 세 줄 일기를 쓰고 있으면 모든 것들의 흐름이 잠시 멈춘 것처럼 느껴집니다.

시간의 흐름에서부터 하고 있던 일들을 비롯한 일체의 인간관계까지 그 어떠한 흐름도 모두 정지되어 일순간 고요해지는 그런 순간 말입니다. 이때는 누구에게도 간섭받지 않고 '오직 나 자신'에게만 집중할 수 있는 그런 시간입니다.

일기 쓰는 시간 외에는 이러한 평온한 시간을 누리기가 쉽지 않습니다. 일기를 쓰는 그 짧은 순간이야말로 '내가 진정 살아 있는 시간'이 아닐까 생각한 적도 있습니다. 아마도 정신없는 일상 중에 이리저리 떠밀리지 않아도 되고, 그 순간에는 오로지 자신의 '의식'에만 제대로 집중하면 되기 때문이었겠지요.

세 줄 일기를 써보면 머지않아 '흐름이 멈추는 느낌'이 어떤 것인지 알게 될 겁니다. 날마다 '흐름'을 멈추며 회복 샷을 날린다면 모든 것들이 좋은 방향으로 흘러갑니다. 세 줄 일기를 인생의 길잡이로 삼아 원하는 방향으로 흐름을 바꾸어 보기 바랍니다. 세 줄의 글 속에 담긴 힘을 최대한 이끌어 내어 스스로를 컨트롤하고, 주도적인 인생을 사십시오. 건강과 일, 인간관계도, 인생도, 모든 인간 활동이 자신의 의지대로 방향을 잡고 나아갈 수 있게 될 것입니다. 그렇게 인생의 주도권을 되찾아 '나'라는 배의 키를 확실히 조종해서 한 번 뿐인 인생을 마음껏 빛내기 바랍니다.

에필로그

"오늘 하루, 정말 잘 살았다!"

'경기 중에 하늘을 한 번씩 쳐다보세요.'

'하루를 마치며 짧은 일기를 써 보면 어떨까요?'

최고의 기량을 발휘하는 스포츠 선수들에게 이런 조언을 자주 합니다. 그것이 습관처럼 되면 실수나 사고가 생기더라도 당황하지 않고 자기 페이스에 맞춰 경기를 진행할 수 있고, 평소에도 최상의 능력을 발휘할 수 있음을 경험적으로 알기 때문입니다.

낮 시간에 너무나 바빠 스스로를 돌아볼 여유조차 찾을 수 없을 때면 종종 푸른 하늘을 올려다봅니다. 굳이 밖에 나가지 않아도 병원이나 방의 창가에서 의식적으로 하늘을 올려다보면, 평소 좋아하는 네 줄의 시가 떠오르며 몸과 마음이 저절로 평온해집니다.

눈을 들어 하늘을 보라.

푸름이 치열하다.

저 소란스러운 다툼이

평화로움이다.

얼마 전 세상을 떠난 시인, 요시노히로시의 〈다투다〉라는 제목의 시입니다. '고요하다, 평화롭다'의 뜻을 가진 靜(고요할 정)이라는 글자에는 靑(푸를 청)과 爭(다툴 쟁)이 어우러져 있습니다.

밤에 세 줄 일기를 쓸 때도 이 시가 문득 생각납니다. 때때로 일기장을 펼치면 저편에 끝없이 펼쳐진 푸른 하늘이 느껴질 때도 있습니다. '하늘을 올려다본다'는 행위와 '하루를 마치며 일기를 쓴다'는 행위 사이에는 의외로 공통점이 많을지도 모르겠습니다. 그 행위를 하고 있을 때에만 시끌벅적한 번잡함에서 벗어나 '오롯이 나를 돌아보는 일'이 가능해지기 때문입니다.

"아! 하늘빛이 푸르네!" 혹은 "오늘 하루도 잘 살았다!"라고 그 순간을 의식하게 되면 심신에 조금은 여유가 생기고, 그로 인해 평상심을 되찾아 침착해집니다.

아무리 바쁘고 정신없는 상황일지라도, 어떠한 문제나 사고가 일어나더라도, 언제나 원점으로 돌아오는 것이야말로 우리에게 진정 필요한 능력이 아닐까요? 그러기 위해서는 푸름이 치열하게 다투고 있는 하늘에서 평화를 발견할 수 있는 여유를 확보해 놓아야 합니다.

여러분은 어떻습니까? 낮 시간은 언제나 정신없이 분주하고, 하늘의 푸름 따윈 아예 의식할 새가 없지는 않습니까? 시간에 쫓겨 하루를 보내고, 집에 돌아오는 즉시 침대로 직행하는 그런 삶을 살고 있지는 않습니까?

이 책에서 소개한 '세 줄 일기'를 매일 쓰다 보면 머지않아 "어라? 하늘이 이렇게 파랬나?", "내가 이런 타입이었나?"라는 식으로 본래의 자신과 평소 자기가 보지 못하고 지나쳤던 소중한 것들을 조금씩 재발견하게 될 겁니다. 세 줄 일기는 그런 식으로 여러분의 매일을 빛나게 해주리라 확신합니다.

옮긴이의 말

나는 글보다는 말이 편하다.

말로 단련된 세월이 길어서인지 아니면 쓰기보다 읽기에 길들여져서인지 몰라도 말로는 매끄럽게 표현되던 생각들도 막상 글로 옮기려고 하면 머릿속이 금방 뒤죽박죽되어 한 줄을 완성하는 데도 꽤 많은 시간이 걸린다. 그 핑계로 난 일기를 멀리하며 살았다.

그런데 '세 줄 일기'라니!

이 책에 끌렸던 결정적 이유가 바로 단 세 줄만 쓰면 끝나는 일기라는 말 때문이었다. 더도 말고 덜도 말고 단 세 줄만, 그것도 정해진 질문에 딱 한 줄씩만. 게다가 잠자기 전 겨우 10분만 할애하면 되는 일기라니……. 호기심과 설마하는 마음으로 반신반의한 게 사실이다.

하지만 '글발로 침 좀 뱉던' 사람이 아닐지라도 심플하게 세 줄만 매일같이 쓰다 보면 인생이 180도 바뀔 거라고 매 장마다 이토록 장담하는데 까짓것 속는 셈치고 한번 해보자는 생각이 들었다. 그래서 본격적인 번역 작업에 들어가기 전 3주 정도 연습 삼아 '세 줄 일기'를 쓰기 시작했다.

일기를 쓰는 3주 동안 놀랍게도 미처 인식하지 못하고 지나쳤던 감정들이 파노라마처럼 떠올랐다. 오래전에 잠시 썼던 '욕 일기'가 떠올라 조금 민망하기도 했다. 가슴속에 분노와 슬픔이 차올라 스스로를 주체하지 못할 때가 있었다. 내게 그런 시절이 있었다. 바로 그런 날들이 '욕 일기'를 쓰는 날이었다. 펜을 꺼내들고 노트가 찢어져라 뒤틀린 심사를 써 내려간 뒤 다 쓴 일기를 눈으로 쫓아 읽고 나면 머릿속을 맴돌던 추상적인 감정의 안개가 차분히 가라앉으며 이전까지 혼란스러웠던 감정의 실체가 뚜렷이 모습을 드러내곤 했다. 비록 읽기 좋은 내용은 아니었지만 내 슬픔과 분노의 원인을 파악하는 데 이보다 더 유용하고 고마운 자료는 없었다…….

'세 줄 일기'는 여기서 한 걸음 더 나아가 조금 더 간편하면서도 압축된 방식으로, 조금 더 건강하고 행복한 삶을 살도록 우리를 이끌어 준다. 마주보기 두려워서 외면했던 스트레스, 너무 당연해서 지나쳤던 소소한 행복들, 구체적 목표 없이 막연하게 흘려보냈던 내 하루가 '세 줄 일기'와 함께 바쁜 걸음을 멈추고 수줍게 손을 내민다.

잠시 멈추고 나를 본다.

세 줄로 적힌 '나'는 이제 읽을 수 있는 글이 된다.

그래서 나를 더 잘 알게 되고, 결국 나란 사람의 방향성이 잡힌다.

이 모든 과정은 실제로 세 줄 일기를 써 본 끝에 얻은 고마운 결실이었고, 지금도 계속해서 세 줄 일기를 쓰게 하는 힘이다.(실제로 세 줄 일기를 통해 내 식사 패턴이 내 건강에 최악이었다는 사실을 알아내기도 했다.)

수려한 문장력은 오히려 독이라고 저자는 주장한다. 단순한 문장으로 내 감정을 있는 그대로 표현하되 남에게 들키기 싫은 치부일수록 더 빼놓지 말고 일기장에 적어 가길 권한다.

그의 말대로 천천히 따라가다 보면 어쩐지 믿을 수 있는 든든한 손을 잡고 담백한 삶을 연습하는 느낌이 든다.

하루의 대부분을 타인과 소통하느라 애쓰는 스스로에게 10분쯤의 시간을 선물해 보는 건 어떨까. 그 시간 만큼은 남에게 '보여지는 나'가 아닌 '있는 그대로의 나'와 마주하며 '진짜 하고 싶었던 이야기'

를 하는 것이다. 세 줄 일기는 그 10분을 '나조차도 외면했던 내 속마음에 귀 기울이는 시간', '나를 치유하고 방향을 잡아 가는 시간'으로 만들어 준다. 하루 10분의 소소한 노력으로 우리가 놓치고 살아가는 행복을 곳곳에서 다시 만나고 새롭게 찾을 수 있기를 진심으로 소망한다.

서툰 번역을 세련되게 다듬어주신 편집자분들과 의학 지식을 감수해 주신 분들을 비롯해 이 책을 만드는 데 도움을 주신 모든 분들께 다시 한 번 진심을 담아 감사인사를 드리며, 이 모든 일들을 가능하게 하신 하나님께 감사를 바친다.

2015년 11월
정선희

하루 세 줄, 마음정리법

초판 1쇄 발행 2015년 11월 16일
초판 13쇄 발행 2023년 11월 6일

지은이 고바야시 히로유키
옮긴이 정선희
펴낸이 정덕식, 김재현
펴낸곳 지식공간

출판등록 2009년 10월 14일 제300-2009-126호
주소 서울 은평구 진흥로67 (역촌동, 5층)
전화 02-734-0981
팩스 02-333-0081
메일 nagori2@gmail.com

ISBN 978-89-97142-36-1 13300

이 책은 저작권법에 따라 보호받는 저작물이므로 무단 전재와 복제를 금지하며,
이 책 내용의 전부 또는 일부를 이용하려면 반드시 저작권자와 (주)센시오의 서면동의를 받아야 합니다.

이 도서의 국립중앙도서관 출판예정도서목록(CIP)은 서지정보유통지원시스템 홈페이지(http://seoji.nl.go.kr)와
국가자료공동목록시스템(http://www.nl.go.kr/kolisnet)에서 이용하실 수 있습니다. (CIP제어번호 : CIP2015028946)

잘못된 책은 구입하신 곳에서 바꾸어드립니다.